KB139270

북한의 정치와 문학

: 통제와 자율 사이의 줄타기

이 책은 2009년 정부(교육과학기술부)의 재원으로
한국연구재단의 지원을 받아 수행된 연구임(NRF-2009-361-A00008)

■ **전영선 지음**

건국대학교 통일인문학연구단 HK연구교수, 콘텐츠개발팀장. 한양대학교에서 국어국문학을
전공하고, 동대학원에서 문학박사학위를 받았다. 통일준비위원회 전문위원(사회문화분야),
겨레말큰사전 남북공동편찬위원회 이사, 민화협 정책위원, (사)경실련 통일협회 이사 등으로
활동하고 있다. 『북한의 언어: 소통과 불통 사이의 남북언어』, 『코리언의 생활문화』, 『북한
문학예술의 장르론적 이해』, 『문화로 읽는 북한』, 『북한의 대중문화』, 『북한 민족문화정책의
이론과 현장』 등의 저서가 있다.

■ **건국대학교 통일인문학연구단 기획**

건국대학교 통일인문학연구단은 통일문제에 대한 인문학적 성찰과 지혜를 모으고자 '소통·
치유·통합의 통일인문학'을 아젠다으로 출범한 통일인문학 연구기관으로 2008년 3월 건국대학
교 인문학연구원 소속 문과대학교수의 자발적 모임으로 출범하였다. 2009년 한국연구재단의
인문한국(HK)지원사업에 선정되면서 연구체계를 본격화하였다. 통일인문학 관련 학술연구
사업, 연구기반사업, 대외사업을 수행하고 있다.

북한의 정치와 문학
: 통제와 자율 사이의 줄타기

© 전영선, 2014

1판 1쇄 인쇄__2014년 10월 20일
1판 1쇄 발행__2014년 10월 30일

지은이__전영선
펴낸이__양정섭
펴낸곳__도서출판 경진
　　　　등록__제2010-000004호
　　　　블로그__http://kyungjinmunhwa.tistory.com
　　　　이메일__mykorea01@naver.com

공급처__(주)글로벌콘텐츠출판그룹
　　　　대표__홍정표
　　　　편집__김현열 노경민 김다솜 **디자인**__김미미 **기획·마케팅**__이용기 **경영지원**__안선영
　　　　주소__서울특별시 강동구 천중로 196 정일빌딩 401호
　　　　전화__02) 488-3280 **팩스**__02) 488-3281
　　　　홈페이지__http://www.gcbook.co.kr

값 12,000원
ISBN 978-89-5996-418-5 03300

※ 이 책은 본사와 저자의 허락 없이는 내용의 일부 또는 전체의 무단 전재나 복제, 광전자 매체 수록
　 등을 금합니다.
※ 잘못된 책은 구입처에서 바꾸어 드립니다.
※ 이 도서의 국립중앙도서관 출판예정도서목록(CIP)은 서지정보유통지원시스템 홈페이지(http://seoji.nl.
　 go.kr)와 국가자료공동목록시스템(http://www.nl.go.kr/kolisnet)에서 이용하실 수 있습니다.
　 (CIP제어번호: CIP2014026594)

북한의 정치와 문학

: 통제와 자율 사이의 줄타기

전영선 지음 | 건국대학교 통일인문학연구단 기획

세상과 소통하는 지혜로운 책

북한문학의 좌표 찾기

'북한 문학'이라고 해야 할까? '북한문학'이라고 해야 할까? 북한문학을 강의하는 첫 시간에 학생들에게 던진 질문이었다. '북한'과 '문학'을 붙여 써야 할까? 띄어 써야 할까? 북한과 문학은 하나의 어휘일까? 아니면 북한과 문학은 일반적인 어휘일까? 북한과 문학을 하나로 붙여 쓰는 것은 북한문학을 하나의 의미 단위로 본다는 뜻이다. 이는 북한문학의 정체성을 규정하는 것과 관련된다.

이어서 질문을 던졌다. 북한문학은 한국문학일까? 외국문학일까? 대답이 쉽지 않은 모양이었다. 북한문학에 대해 그렇게 생각해 보지 않았으니 당연한 일이다. 일부 학생들은 외국문학이라고 답했다. 북한을 어떻게 보느냐에 따라서 한국문학일 수도 있고, 또 같은 이유로 외국문학일 수도 있다.

북한문학이 외국문학이라면, 한국문학은 무엇일까. 대

한민국 헌법 제3조에는 대한민국의 영역을 "한반도와 부속 도서로 한다"고 규정한다. 한반도 안에서 한글로 이루어진 문학이다. 한국문학의 기본 조건을 갖추고 있다. 그렇지만 작품 내용은 판이하다. 남북이 문학으로 소통할 수 있을까에 대한 질문에 대해 속 시원히 대답하지 못하는 이유다.

학술적으로 북한문학은 외국문학으로 분류한다. 학술 지원 사업을 주요 업무로 하는 한국연구재단에서 북한어문학은 기타 어문학으로 분류한다. 기타 어문학은 국문학, 영문학, 중문학, 일문학 등의 주요 어문학을 제외한 소수 언어문학 영역이다. 당연하게 한국문학의 일부로 생각했던 것과는 양상이 많이 달라졌다. 북한문학 관련 강의가 개설된 국문과는 얼마나 될까 생각해 보았다. 이제는 국문과보다는 북한학과나 북한대학원, 통일인문학대학원에서 북한문학을 강의한다. 북한문학 관련 학위논문도 국문과에서 잘 쓰지 않는다. 북한학이나 통일 관련 대학원에서 논문 주제로 삼는다.

문학의 공통성보다는 남북의 차이에 더 관심을 기울인다. 시간이 흐를수록 남북문화의 소통 지점은 좁아진다. 지난 시간 동안 소통 없이 지내온 남북관계가 낳은 결과이다. 분단 70년을 소통 없이 지나면서 남북문화의 대부분이 소통과 불통 사이에 놓였다. 문학도 예외가 아니다. 문학이 유통되는 남북의 사회 환경이 달라지면서 문화의 창작 방식이나 소통 방식도 달라졌다. 남한문학이 남한 사회의 자장(磁場) 안에서 유통되듯이, 북한문학은 북한 사회의 자장 안에서 유통된다. 문학이 유통되는 환경을 이해하지 못한다면, 문학으로서 의미가 없다. 전 세계적으로 읽히는 작품도 있다. 명작이다. 시대를 넘어 읽히는 작품도 있다. 고전이다. 고전이나 명작이 시간과 공간을 넘어 가치를 인정받는 것은 보편적인 문제를 다루었기 때문이다. 시대를 넘어 공간을 넘어, 인간의 문제, 존재의 문제를 다루었기 때문이다.

문학이 독자에게 향유되기 위해서는 문학이라는 텍스트가 놓인 컨텍스트에 대한 이해가 있어야 한다. 문학이 연행되는 환경을 이해하지 못한다면 충분하게 향유되었다고 말할 수 없다. 문학이든 예술이든 작품이 유통되기 위해서는 창작의 배경이 되는 사회, 즉 컨텍스트에 대한 이해가 동반되어야 한다. 많이 읽는다고 이해할 수 있는 게 아니다. 컨텍스트에 대한 이해 없는 책 읽기는 과장되게 말하면 글자 읽기에 불과하다.

이 책은 북한문학에 대한 이해의 폭을 넓히고자 기획되

었다. 북한문학에 대한 이론서이지만 문학전공자들만을 대상으로 하지 않았다. 북한문학에 대해 관심 있는 일반인을 고려하였다. 북한문학보다는 문학에 대한 북한의 문화적 해석을 주로 하였다. 북한문학의 특성을 규정하는 북한사회의 내면 구조와 정치적 좌표를 보여주려 하였다.

북한문학의 한계를 드러내는 것이 한국문학의 우수성을 증명하는 징표가 아니다. 그럼에도 불구하고 북한문학의 한계를 드러내려 한다. 북한문학의 한계를 드러내는 것과 북한문학의 성격을 분석하는 것은 별개의 문제이다. 이 책은 북한에서 문학의 좌표를 보여주려고 하였다. 사회와의 연관성에 초점을 두었고, 북한문학의 특성, 북한문학의 지형을 이야기하고자 하였으며, 북한문학을 이해하기 위한 가이드를 제시하고자 하였다.

이 책이 북한문학을 이해하는 더듬이가 되기를 희망한다. 번거로운 교정 작업을 도와 준 정명찬 님과 참으로 어려운 상황에서도 출판을 허락해 주신 도서출판 경진의 양정섭 사장께 진심으로 감사드린다.

2014년 여름을 지나며
전영선

목 차

사상적 통제와 문학적 자율

문학과 역사는 일종의 쌍생아(雙生兒) 관계로 볼 수 있다. 그 어떤 문학작품도 역사적 문맥으로부터 자유롭지 않다.

— 권성우, 「민생단 사건의 소설화, 혹은 타자의 발견: 김연수의 『밤은 노래한다』론」, 『한민족문화연구』 28집, 한민족문화학회, 2009, 254쪽.

문학의 진정성이란 무엇인가

진정성.

북한문학에 진정성이 있을까?

북한문학을 이야기할 때마다 덧붙여지는 질문이다.

문학에 제기되는 진성성 문제의 본질은 작가정신에 대한 물음이다. 작가정신은 곧 창조성, 창의성, 작가의식을 의미한다. 문학은 인간의 창조적 행위의 산물이어야 하고, 사회 문제에 대한 인간의 각성을 촉구해야 한다는 문학의 숭고한 사명을 일컫는 말이다.

문학이 단순한 읽을거리에 그치지 않고, 인간에게 창조적 영감이나 삶에 대한 성찰을 제시해야 한다는 것을 의미한다. 문학이 인간의 감성을 드러내는 것이든, 사회 비판을 하든 문학에게 부여한 신성한 의무를 수행해야 한다는 사명감이다.

북한문학에 제기되는 진정성 문제는 북한문학에서 작가정신을 찾을 수 있느냐는 물음과 같다. 결론부터 말하자면 반은 맞고 반은 틀리다. 정확하게 말하자면 문학을 둘러싼 환경 자체가 다르다. 때문에 우리가 보는 문학성을 기준으로 북한문학을 규정할 수는 없다. 북한문학은 북한문학의 기능에 맞추어야 올바른 해석이 가능하다.

북한문학에게 주어진 일차적 기능은 프로파간다에 있다. 체제 선전과 선동을 위한 목적으로 창작되고, 유통된다. 당으로부터 부여받은 임무이다. 북한문학에서 중요한 것은 사회적 임무와 기능이다. 북한문학에 대해 작가정신을 찾을 수 없다고 평가하는 이유이기도 하다.

북한문학과 창작의 자유

북한문학에서 '창의성을 찾을 수 없다', '북한문학에는 자유가 없다'는 말에는 예술을 사회와 분리하여 보려는 입장이 반영되어 있다. 문학이나 예술은 사회적 이해관계나 의도를 목적으로 하지 않은 작가의 순수한 정신적 산물로 보는 입장이다. 문학은 사회와 거리를 두어야 한다. 특히 정치적인 문제와는 거리를 두어야 한다는 관점이다. 문학을 온전한 작가의 정신적 산물로 보고, 작가의 자유로운 창작에 영향을 주는 일체의 정치적 사안으로부터 거리를 두어야 한다는 것이다.

북한문학에서 이런 작품을 찾는다는 것은 불가능하다. 북한문학은 기본적으로 관제문학이다. 작가는 국가에 소속되어 있고, 작품은 철저한 검열을 통해 발표된다. 작가의 신분은 국가로부터 자유롭지 못하다. 북한의 작가들은 국가기관에 소속되어 있다. 문학창작단에 소속되거나 작가동맹이나 기관에 소속되어야 한다. 다른 직업을 갖고 있으면서 창작활동을 하는 작가도 있다. 하지만 작가라고 말할 수 있는 사람은 작가동맹이나 문학창작사와 같은 전문 창작기관 소속이다.

기관에 소속되었기에 조직의 목적에 충실해야 한다. 기관의 요구와 입장을 반영해야 한다. 이런 이유로 북한문학은 관제문학의 영역을 벗어날 수 없다. 북한만의 상황은 아니다. 정부 기관에 소속되어 있거나 지원을 받게 되면 지원처의 영향을 보이지 않게 받게 된다. 반드시 그런 것은 아니지만 지원처의 입장에 반대하는 입장을 표현하기란 쉽지 않다. 특정 기관의 지원을 받아 영화를 제작한다면 지원기관의 입장으로부터 온전하게 자유롭기는 쉽지 않다. 지원이라는 족쇄가 있기 때문이다. 영화연출을 두고 감독과 투자사가 갈등을 빚다가 감독이 교체되는 일도 있었다. 투자자의 입장을 고려해야 하고, 배급사의 눈치를 보아야 한다. 투자가 필요하고 후원을 받는 순간부터 보이지 않은 울타리가 생긴다. 북한의 작가들이 국가의 울타리를 벗어나지 않는다. 북한문학이 관제적 성격을 벗어날 수 없는 것은 당연한 일이다.

문학을 통제하는 것들

어떤 사회가 되었든 예술가가 특정 기관에 소속된다면 그 순간부터 예술가의 자율성은 온전하게 유지되기 어렵다. 공적인 입장이 생기기 때문이다. 중세유럽 궁정예술인의 작품이나 공공기관의 예술가들의 작품은 예술가들을 후원하는 왕족으로부터 자유로울 수는 없었다.

　국립영화촬영소에 소속되어 있으면서 국가정책에 반대하는 영화를 만들 수는 없다. 국방부에 소속되어 있으면서 반전을 주제로 한 영화를 만들 수는 없다. 작가적인 욕망으로 영화를 만드는 것이 아니라 공적인 기능을 수행하기 위해 영화를 만들기 때문이다. 사적인 입장과 공적인 입장에서 공적인 입장이 앞서는 것은 당연하다. 자유롭게 예술활동을 하고 싶다면 신분이 자유로워야 한다. 프리로 일하는 예술가와 기관에 소속된 작가의 입장이 다른 것은 당연하다.

　물론 차이는 있다. 남한에서는 직업을 선택하여 소속된 예술가로 활동하든 전문예술가로 살아가든 선택의 여지가 있다. 마음에 안 들면 프리를 선언할 수도 있다. 하지만 북한은 이런 선택이 불가능하다. 예술을 관리하는 기관이 곧 당이고, 국가이다. 개인이 국가체제를 벗어날 수 없듯이, 작가나 예술가들은 역시 국가체제의 틀을 벗어날 수 없다. 북한 체제의 영향이 모든 문학 영역에 작동된다.

북한문학과 창작의 자유

북한문학에서 말하는 창작의 자유는 우리가 알고 있는 창작의 자유와는 의미가 다르다.

창작사업에 대한 당조직의 지도를 못마땅하게 여기거나 ≪창작의 자유≫를 부르짖으며 애상적인 작품을 쓰려고 하는 것은 문학예술에 대한 당의 령도를 거부하는 자유주의, 수정주의적사상 경향의 구체적인 표현입니다. 일부 작가들속에서 이러한 자유주의, 수정주의적 경향이 나타나는 것은 반당종파분자들이 다른 나라에서 밀수입해온 자본주의, 수정주의의 영향때문입니다. 수정주의자들은 혁명과 건설에 대한 당의 령도를 거부하며 프로레타리아독재를 약화시키려고 책동합니다. … 일부 작가들이 우리 당의 문예정책을 연구하지 않고 사대주의사상에 사로잡혀 수정주의를 비롯한 기회주의적인 ≪문예리론≫에서 마치나 배울 것이 있는 것처럼 말하는 것도 옳지 않습니다. 작가들이 우리 당의 문예사상으로 튼튼히 무장하지 않고서는 혁명적인 작품을 쓸수 없으며 당과 인민을 위하여 충실히 복무할 수 없습니다. 기회주의적≪문예리론≫은 인민들의 계급의식을 마비시키는 반혁명적인 사상조류입니다. 작가들은 기회주의적≪문예리론≫을 반대하여 견결히 투쟁하며 그 침해로부터 우리 당의 혁명적문예리론을 철저히 옹호고수하여야 하겠습니다.

— 김일성, 「현실을 반영한 문학예술작품을 많이 창작하자: 문학예술부 문지도일군들과 한 담화 1956년 12월 25일」, 『김일성 저작집 10』, 조선로동당출판사, 1980, 460~461쪽.

1956년 유일체계가 강화되면서 김일성이 문학예술 지도일군과 한 담화이다. 문학예술 창작에서 자유를 강조한다고 해서 당적 지도를 벗어나서는 안 된다는 것이 핵심이다. 자유주의를 '당의 영도를 거부하는 것'으로 규정하였다. 당의 영도를 거부하는 것은 프로레타리아 혁명을 반대하는 것이다. 간단히 말하면 반동, 반혁명분자라는 의미이다. 창작에서 자유가 얼마나 제한되는 지를 직설적으로 보여준다.

그렇다면 북한문학에서 창작의 자유는 없다고 해야 할까? 창작의 자유가 없다면 북한의 모든 문학이 다 당의 규정과 명령에 의해 만들어진 것일까? 구태여 창작할 필요가 없는 일반인들의 창작품이나 군중문학 작품은 어떻게 해석해야 할까.

북한문학에서 규정한 창작의 자유는 우리가 알고 있는 창작의 자유와는 개념이 다르다. 우리에게 창작의 자유는 '표현의 자유'와 연결된다. 표현의 자유는 기본적인 권리로 인식한다. 엄밀히 말해 문학예술에서 말하는 창작의 자유는 상대적인 문제이다. 어떤 사회이든 사회적 통념이 있고, 이 통념을 넘어서는 자유는 용납되기 어렵다. 문학작품이라고 해서 모든 내용이 허용되지는 않는다. 엄밀하게 말하자면 '온전하게 창작의 자유를 보장하는 사회'는 없다.

조선시대에는 조선시대에서 표현할 수 있는 정도의 자유가 있고, 아랍문화는 그 사회가 허용하는 정도의 자유가 있다. 설령 미국이라고 해도 예술가가 무엇이든 자유롭게 표현할 수 있고, 보고 싶은 것을 자유롭게 볼 수 있는 것은 아니다. 내용에 따라서 등급이 있고, 연령에 따라 시청이 제한된다. 문학예술은 사회에서 태어나고, 해석 공동체 안에서 향유된다. 사회와 문학은 호수와 물고기의 관계이다. 호수가 넓고 깊으면 다양하고 많은 물고기들이 살 수 있는 것처럼 다양한 문학이 발달하는 것이다.

북한체제는
문학에 어떻게 개입하는가?

전체주의 체제를 특징지은 것은 정치 생활과 개인 생활에서 전 주민의
행동뿐만 아니라 그 감정과 생각까지도 통제하려는 권력의 욕망이다.
모든 정치 체제는 이러한 기능의 획득을 추구한다. 차이가 있다면 욕망
하는 통제의 '수준'과 이를 달성하기 위해 동원하는 '수준'이다.

— 알렉산드르 골루베프, 이종훈 옮김, 「스탈린주의와 소비에트 사회」, 임지현·김용우
엮음, 비교역사문화연구소 기획, 『대중독재1 강제와 동의 사이에서』, 책세상, 2005,
380쪽.

북한문학과 체제

북한문학은 체제를 위해 복무한다. 북한에서 체제와 문학은 직접적이고 절대적인 관계이다. 당에서 요구하는 문제를 작품으로 만들어 인민을 변화시키려 한다. 문학을 예술적인 관점에서 보기보다는 이념 전달의 수단으로 본다. 목적이 분명하다. 문학의 기능을 분명한 목적으로 제한한다. 개인의 감성을 자극하거나 사회적인 문제를 끄집어내지 않는다. 메마른 인간을 보여주면서 무디어진 감성을 자극하지도 않고, 사회를 비판하지도 않는다. 북한 체제의 발전을 위해 기여하는 것으로 충실한 의미를 다한다.

북한 체제가 문학에 주목하고, 문학을 중요시 하는 것은 문학의 서사 때문이다. 북한문학도 문학으로서 기본적인 서사를 갖고 있다. 서사란 이야기를 이끌어 가는 고리를 말한다. 서사로 인해 낱낱의 이야기가 된다. 독자들로 서로 다른 이야기들이 연결되어 하나의 큰 이야기가 되는 것에 빠져든다. 모든 문학에서는 인물이 있고 인물이 만드는 사건이 있다. 서사는 사건이 단순하게 병렬되어 있는 것이 아니라 인과관계로 얽혀지는 것이다. 사건이 서로 얽히면서 하나의 서사를 만든다.

'왕이 죽었다', '왕비가 죽었다'는 별개의 사건이다. 하지만 '왕이 죽자 슬퍼진 왕비도 시름시름 앓다가 죽었다' 고 하면 하나의 서사가 된다. '왕이 죽은' 사건은 '왕비가 죽은' 사건의 원인이 되었다. 인과관계로 이야기가 연결되는 것이다. 서사에서 중요한 것은 필연성이다. 필연적으로 두 사건이 연결될 수 있는 고리를 만드는 것이다. '양반의 아들'과 '천기의 딸'이 만나 결혼에 이르는 〈춘향전〉이 인기 있는 것은 '극적'으로 서사가 이루어졌기 때문이다. 가장 재미없는 이야기는 평범하게 살다가 평범하게 결혼하는 이야기이다. 드라마로서 재미가 없다. 현실에서는 이루어지기 어려운 일이 이루어질 때 '드라마틱하다'는 말을 한다. '드라마틱하다'는 말은 현실적이지 않은 이야기가 필연적 고리에 의해 잘 연결되었다는 뜻이다.

작가들은 나중에 벌어질 사건을 위해 사전에 실마리를 장치한다. '복선'을 까는 것이다. '복선'은 드러나지 않지만 연결된 선이라는 뜻이다. 사전에 복선을 깔아두지 않으면 인과성이 떨어지기 때문이다. 훌륭한 작가가 되기 위해서는 복선을 잘 활용할 줄 알아야 한다.

서사는 비단 문학에만 적용되지 않는다. 서사의 개념을 확장하면 우리의 삶, 국가나 사회에도 적용할 수 있다. 우리의 삶도 따지고 보면 태어나서 죽는 날까지 자기가 주체가 되어서 이야기를 만들어 가는 과정과 크게 다르지 않다. 역사도 서사의 일종이다. '역사'가 지난 사건의 단순한 정리를 넘어서는 것도 서사 때문이다. 역사의 범위 안에서는 많은 사건이 있다. 그 많은 사건 가운데 현재와 연결되는 의미 있는 사건을 찾아 하나의 흐름으로 이어가는 서사체이다.

역사가 서사라는 것은 역사교과서를 보면 이해할 수 있다. 초중고의 역사문제는 두 가지를 물어본다. '원인'또는 '결과'이다. '3·1만세운동이 일어난 원인이 아닌 것은?', '조선이 건국하게 된 원인이 아닌 것은?', '임진왜란의 영향으로 달라진 것이 아닌 것은?', '고구려가 멸망한 이유가 아닌 것은?' 등등이다. 역사적인 일에 대한 원인과 결과를 묻는다. 여러 원인과 결과 중에서 인과성이 높다고 판단하는 것을 기술하는 것이 역사이다. 고구려가 멸망한 이유는 여러 가지일 것이다. 여러 사건 중에서 역사가의 관점에 의해 가장 중요한 원인이라고 생각하는 것으로 이유를 설명하는 것이다. 역사에 중요한 것은 과거의 사실이다. 하지만 그보다 중요한 것은 역사를 어떻게 바라보느냐는 사관(史觀), 즉 역사관이다.

세계에서 가장 가난한 나라의 하나였던 '대한민국이 세계 정상 국가로 발전할 수 있었던 이유가 무엇이라고 생각하는가? 이런 질문에 대해 무엇이라고 대답할까? '훌륭한

지도자를 만나서', '부지런한 국민성 때문에', '우수한 인적
자원 때문에', '미국을 비롯한 우방국가의 도움이 있어서'
등등의 대답이 있을 수 있다. 이 가운데 가장 근접하다고
판단되는 원인을 찾아서 논리적으로 기술하는 것이다.

훌륭한 지도자 때문이라고 생각한다면 지도자가 얼마

북한에서 문학예술 창작의 절대적 지침으로 작용하는 김정일의 문예이론서

나 큰 혜안을 갖고 대한민국의 발전을 위해 노력하였는지를 밝히면 된다. 대한민국 국민의 부지런한 국민성 때문이라고 생각한다면 그런 사례를 찾아서 증명하면 된다. 이처럼 역사는 여러 원인과 이유 중에서 하나의 관점으로 기술한다. 이것이 역사학자가 갖고 있는 역사관 즉, '사관(史觀)'이다. 사건이 같다고 해도 해석이 달라지면 역사도 달라진다. 역사는 곧 과거의 진실한 기록이 아니라 역사가에 의해 선택되어진 사건의 연속된 고리이다.

북한에서는 모든 분야의 발전이 최고지도자의 영도 때문으로 생각한다. 문학 분야에서도 최고지도자의 지도가 가장 중요하다고 판단한다. 김일성 주석과 김정일 국방위원장이 사상적으로 잘 영도하였기 때문에 오늘날과 같이 발전할 수 있었다는 것이다.

북한문학과 서사의 주체

북한문학에서 서사의 주체는 국가다. 북한체제는 작가의 서사에 깊숙하게 개입한다. 북한문학은 허용된 사건과 소재로만 서사를 구성할 수 있다. 북한문학이 체제문학인 것은 작가의 문제이거나 표현의 문제이기보다는 서사가 갖는 한계의 문제이다.

북한문학의 문학적 특성과 정치적 종속이 교차하는 지점에 있다. 문학으로서 서사를 만들기 위한 사건에서 한계가 있다. 사건이 일어나기 위해서는 '갈등'이 있어야 한다. 갈등 없는 서사는 없기 때문이다. 갈등이란 욕망의 충돌이다. 개인과 개인의 욕망이 충돌하거나 개인과 사회의 욕망이 충돌하는 것이 갈등이다. 북한문학 역시 문학으로서 갈등이 있어야 한다. 갈등의 정도가 미약하다. 본격적인 갈등을 설정할 수 없기 때문이다. 북한은 정치적으로 개인과 사회의 갈등이 해소된 사회라고 공언하였다. 공식적으로 개인과 사회가 하나의 욕망, 단일한 욕망으로 일체화된 사회이다. 문학이라고 해서 극적인 갈등을 설정할 수 없다. 검열이라는 장치가 있다. 어떤 북한문학에서도 적극적인 충돌이 드러나지 않는다. 북한문학이 밋밋한 것도 갈등이 직접적으로 드러나지 않기 때문이다.

북한문학에서 인물은 선악이 분명하다. 지나칠 정도로 단순하다. 긍정적인 인물은 모두 국가 발전을 위해 일해야 한다는 공동의 목표의식을 갖고 있다. 인물 간의 갈등은 미약하다. 당의 참뜻을 겉으로만 이해하고, 깊은 뜻을 이해하지 못하는 미성숙한 인물과 진정성을 갖고 사회에서 필요한 인물이 무엇인지를 성찰적으로 실천하는 성숙한 인물 사이의 갈등만 있다. 북한문학의 모든 서사는 미성숙한 주인공이 사회적 존재로서 자신에게 주어진 임무가 소중하다는 것을 자각하는 과정이다. 겉으로만 이해하였던 당의 참된 뜻을 가슴 깊이 이해하고, 당 사업에 적극적으로 참여하는 성숙한 인간으로 다시 태어남으로써 온전한 사회적 존재로서 자신을 완성해 나간다. 이 과정에서 혁명선배의 헌신적인 노력이 개입한다. 미성숙한 인물은 혁명선배의 정신적 가르침을 받고서 혁명가로 다시 태어난다.

북한문학과 정서

북한문학의 특성은 '명증하고 낙관적인 구성', '순차적인 시간 구성에 의한 단순성', '민족적 정서의 반영'을 특징으로 설명한다. 민족적 특성에 대해서도 분명하게 규정한다. 북한문학에서 삼각관계나 복잡한 갈등이 없는 것은 민족적 특성 때문이라고 설명한다. '우리 민족은 전통적으로 삼각연애나 복잡한 갈등구조를 싫어하였다'는 것이다. 민족적 특성이 규정되는 순간부터 이에 반하는 작품을 창작할 수는 없다. 민족적 정서와 미감을 명분으로 문학의 특성인 소재의 다양성, 구성의 자율성과 창조성이 거세당한 것이다.

북한문학의 정서적 체험은 북한이탈주민의 문화적 반응에서도 확인된다. 드라마를 보아도, 영화를 보아도, 소설을 보아도 간결한 스토리와 명증한 인물을 좋아한다. 영웅의 이야기를 좋아한다. 어려움을 극복하고 성공하는 이야기에 매료된다. 주인공 한 사람의 성공보다는 국가와 민족 같은 공동체를 위해 헌신하는 모습에 감동한다. 무엇인가 던지는 메시지가 있는 작품이 좋은 작품이라고 생각한다. 신변잡기나 주변의 소소한 이야기는 서사가 부족한 작품으로 평가한다. 지극히 애국적이고, 대를 위한 희생, 조국을 위한 희생, 민족을 위한 희생이 있을 때 감동한다. 현대문학에서 일반화된 극적인 반전이나 추리소설, 범죄물, 심리스릴러, 판타지나 몽환적인 소설이나 무협은 읽기 불편한 이야기일 뿐이다.

북한문학은 순수한 문학, 문학 그 자체에 머물기를 거부한다. 문학이나 예술은 현실을 바꾸기 위해서 존재한다. 세상을 바꾸라고 강조한다. 문학은 구체적인 현실이며, 현장의 보고서이기를 원한다. 문학은 보고 즐기는 것이 아니다. 문학예술은 인민이 보고 현실을 변화시켜야 하는 교양물이다. 북한문학에 대해 북한체제가 요구하는 사항이다.

북한문학의 주제의식과 문이재도(文以載道)

북한체제가 북한문학의 관계는 '문이재도(文以載道)'론에 가깝다. '문이재도(文以載道)'란 '글(文)'은 '도를 실어 나르는 도구'라는 뜻이다. '문장으로 성현의 도를 밝힌다'는 뜻으로 조선조 후기 성현의 도리와 문학의 관계를 설명하는 말이다.

서거정은 『동문선(東文選)』에서 '글(文)'을 '도를 담는 그릇[載道之器]'라 하였다. 글에 담겨진 내용이 중요하다는 뜻이다. 글은 도를 전하는 수단일 뿐이다. 글은 수단일 뿐이니 글이 도리를 가려서는 안 된다는 숨은 의미가 있다. 북한문학에서도 문장의 완성도나 예술성보다는 문학작품의 주제를 앞세운다는 점에서 유사하다고 할 수 있다.

'문이재도(文以載道)'의 입장은 이후 문장으로 도를 관통한다는 '문이관도(文以貫道)' 문장으로 도를 밝힌다는 '문이명도(文以明道)', 문장과 도는 하나라는 '도문합일(道文合一)'의 논리로 발전되었다. 문장은 도를 전하는 단순한 도구가 아니라 도를 깨닫도록 이끌어 주고, 도가 무엇인지 밝혀주는 관계라는 것이다. 문장과 도는 중심과 보조의 관계가 아니라 모두 중요하다는 입장이다. '도(道)'를 전달하고 설명하기 위해서는 반드시 '문(文)'이라는 도구(수단)가 필요하다. 하지만 '문(文)'은 단순히 '도(道)'를 전달하는 데서 그치지 않는다. '문(文)'에 따라서 '도(道)'의 의미가 살아나기도 하고 빛을 잃기도 한다는 것이다.

북한에서도 작가들에게는 문학적인 내용을 잘 전달하기 위해서는 문장이 좋아야 한다고 강조한다. 주제를 보다 효율적으로 드러내기 위해서 문학성이 높아야 한다는 것이다. 그럼에도 불구하고 어떤 경우에도 문학성이 주제를 넘을 수 없다. 문학성을 위해 주제를 유보할 수는 없다.

> 문학예술은 우리 당의 위력한 정치사상교양수단의 하나입니다. 그런것만큼 문학예술인들은 응당 우리 당과 인민의 리익의 옹호자, 대변자가 되어야 하며, 인민들을 교양하고 우리 공화국을 사수하는 투사가 되어야 합니다.
> ― 김일성, 「현시기 문학예술인들앞에 나서는 몇 가지 과업」, 문학예술인들에게 한 훈시, 1949년 12월 22일.

북한에서도 이 점은 분명하다. 문학예술이 정치교양의 수단임을 분명히 하면서, '문학예술인들은 당의 노선과 정책에 따라 정책적으로 분석판단 하며, 당의 정책적 요구에 따라 창작'할 것을 분명하게 요구한다.

광복, 남북문학의 갈림

우리 조선 인민이 전쟁에서 승리한 것과 같이 복구 건설 사업에서 영웅
적 투쟁을 전개하여 빛나는 승리를 쟁취하려면, 과연 그것은 경애하는
수령 김일성 원수의 호소를 받들어서 『쏘련을 향하여 배우야』 하겠다.
— 리기영, 『공산주의 태양은 빛난다』, 조쏘출판사, 1954, 215쪽.

광복, 그리고 문학단체의 결성과 분열

광복이 되었다. 광복의 기쁨을 누구보다 만끽하고자 했던 사람 가운데 하나가 작가들이었다. 말과 글이 막혔던 식민지 상황에서 벗어나 자기의 말과 글로 작품을 창작할 수 있다는 사실은 무엇과도 바꿀 수 없는 기쁨이었다. 광복과 동시에 문인들은 이념적 좌우를 초월한 조직을 만들었다. 막혔던 말문이 터지면서 광복의 기쁨을 노래하기 위해서 하나가 된 것이다.

광복 다음날인 1945년 8월 16일 일군의 문인들은 친일 문인들의 집합 장소였던 '문인보국회' 사무실을 접수하였다. 그리고는 '조선문학건설본부'를 출범시켰다. 광복 이후 최초의 문인단체가 광복 바로 다음날 만들어 졌다. 문인들의 열망이 얼마나 컸는지를 짐작할 수 있다. '조선문학건설본부'는 이틀 뒤인 8월 18일 범예술단체인 '조선문화건설중앙협의회'로 확대 개편하였다. 작가들을 중심으로 예술인들을 포괄하는 종합예술인 단체로 출발하였다.

하지만 좌우의 이념의 벽은 높았다. 광복의 기쁨에 들떠 만들어진 문인조직은 곧 정치 이념에 따라 나누어졌다. 광복은 온전히 민족적 역량에 의해 자주적으로 이루어진 것이 아니었기에 정치적 영향으로부터 벗어날 수 없는 태생적 한계가 있었다.

좌파에서는 노선의 선명성을 강조하면서 1945년 9월 17일 이기영, 한설야, 윤기정 등을 중심으로 '조선프롤레타리아 문학동맹'을 결성하였다. 좌파 움직임에 반발하여 우파 문인들도 조직을 결성하였다. 우파 문인들은 1945년 9월 18일 중앙문화협회를 결성하였다. 해방 직후 좌우를 포괄하던 문단 조직으로 출발한 문예조직은 광복 한 달을 겨우 넘기고 좌우의 이념단체로 갈라섰다.

좌파문학인들을 중심으로 결성된 '조선프롤레타리아 문학동맹'은 1945년 9월 30일 예술인들을 포괄하는 범예술 단체를 표방하면서 '조선프롤레타리아예술동맹'으로 확대하였다. 좌익 내의 핵심 예술 단체였던 '조선문화건설 중앙협의회'와 '조선프롤레타리아예술동맹'은 1945년 12월 3일 두 단체의 통합을 위한 공동위원회를 개최하였다. 그리고 1945년 12월 6일 두 단체의 통합에 대한 공동성명을 발표한데 이어, 12월 13일 합동총회를 개최하여 '조선문학동맹'으로 통합 개편하였다. 이 과정에서 '조선프롤레타리아예술동맹'을 주도했던 이기영, 한설야, 송영 등은 통합에 참여하지 않았다. 후일 이들은 월북하여, 1946년 3월 25일에 결성된 '북조선예술총연맹'에 참여하였다.

'조선문학동맹'은 이듬해인 1946년 2월 9일 '조선문학가동맹'으로 이름을 바꾸고 전국적인 조직으로 조직을 확대하였다. 그 결과 '조선문학가동맹' 전국 6개 지부와 366명의 회원조직으로 확대되었다. 문학부문에서 단일하고 통일적인 조직이 결성되었다.

1946년 2월 24일에는 조선문화단체총연맹이 결성되었다. 조선문화단체총연맹은 '조선의 문화운동을 옳은 길로 인도하며, 건전한 민족문화를 건설하여 조선의 자주독립에 이바지'하는 것을 목표로 건설된 단체였다.[1] 이후 문인들 역시 남북의 정치 지형을 따라 이동하게 되었고, 문예단체는 좌우의 이념에 따라 대립하는 양상으로 전개되었다.

문예정책에 대한 인식이 높지 않았던 남한과 달리 북한은 정권수립 초기부터 문화예술인들을 적극 포섭하면서 조직화를 주도해 나갔다. 북한 정권이 정책적으로 문화예술인들을 조직화한 것은 당연하게도 정치적 활용 때문이었다. 북한 체제의 이념과 정책의 울타리 안으로 작가들을 포섭하기 위해서는 문예조직화가 우선 필요하였던 것이다.

---

1) 박정선, 「해방기 문화운동과 르포르타주 문학」, 『어문학』 제106집, 한국어문학회, 381쪽.

북한문학, 쏘련을 동경하다

광복과 함께 38선 이북에는 소련의 영향 아래 정권수립 작업이 준비되었다. 정권 수립을 준비하는 과정에서 문학인들에게는 일제 잔재의 청산과 사회주의 사상으로 인민을 교양하라는 임무가 주어졌다. 일제 잔재의 청산은 반일을 내세운 북한 정권의 정당성을 부여하는 핵심적인 명분이었다. 일제가 남긴 잔재를 청산하면서 새로운 시대적인 조류로 소련의 사회주의가 도입되었다. 낡은 잔재 청산의 대안으로 제시한 것은 사회주의의 전형은 소련식 제도와 문화였다. 북한은 해방직후 통치이념과 경제체제를 사회주의로 규정하고, 이를 사회 작동 원리로 정착시키기 위해 노력하였다.

문화정책 역시 사회주의 제도에 대한 선전과 사회주의 정권의 당위성을 설득하는데 초점을 맞추어 졌고, 소련으로부터의 선진적인 문화예술 이론을 수입하고, 적극적으로 창작에 반영하였다. 예술 조직체계가 갖추어지면서 정책적으로 소련의 문화예술을 선진적이고 모범적인 학습 대상으로 규정하고 소련의 문화예술을 정착시키기 위한 다양한 사업이 진행되었다.

당시 소련은 문화교류의 차원을 넘어 신세계의 하나로

인식되었다. 소련의 영향하에 탄생한 국가들이 그렇듯이 북한 역시 소련을 사회주의 이상국가로 설정하고, 소련의 정치제도, 문화제도를 전폭적으로 수용하였다.

소련군정 3년 동안 북한 정권의 최고 목표는 사회주의 종주국인 소련식 사회주의 체제를 수용하는 것이었다. 소련식 정치제도, 경제방식, 문화예술을 북한에서도 실현하는 것이었다. 모든 분야에서 소련식을 실현하는 것이 최우선의 과제였다. 문화 분야에서도 소련을 따라 배우기가 진행되었다. 1945년과 1950년 사이에 수백 권의 기술서적, 역사서적, 과학서적 및 잡지가 조선어로 번역되었고, 70여 편의 소련 문학작품이 조선어로 번역되었다.

북한과 쏘련의 문화교류 핵심기관, '조쏘문화협회'

북한과 소련 사이의 문화교류 사업의 핵심 기관은 '조쏘문화협회'였다. '조쏘문화협회'는 다양한 활동을 통해 빠른 속도로 북한의 문학예술을 소련식으로 바꾸어 나갔다. 이 과정에서 북한 문학예술인들에게 주어진 과제는 사회주의 정권 정통성을 선전하고 대외적으로 국가의 실체를 알리는 것이었다.

동무들은 문화전선에서 싸우고 있는 투사들입니다. 동무들에게는 동무들의 입으로, 동무들의 붓으로 조선사회를 뒤걸음질치게 하려는 반동세력을 쳐야 할 책임이 있으며 민족문화를 발전시키며 인민대중을 애국주의와 민주주의 정신으로 교양할 책임이 있습니다. 우리가 반동세력을 분쇄하고 새 민주조선을 건설하는가 못하는가 하는것은 동무들이 문화전선에서 잘 싸우는가 못싸우는가에 크게 달려있습니다.

　　— 김일성, 「문화인들은 문화전선의 투사로 되여야 한다: 북조선 각 도 인민위원회, 정당, 사회단체선전원, 문화인, 예술인대회에서 한 연설 1946년 5월 24일」, 『김일성 저작집 2(1946.1~1946.12)』, 조선로동당출판사, 1979, 231쪽.

　　소련 역시 소련 연방 이외 지역에서 처음으로 세워진 사회주의 국가 북한에 대한 전폭적인 지원을 아까지 않았다. 소련과 북한의 이해관계가 맞아 떨어지면서 소련의 제도와 문화예술은 여과 없이 빠른 속도로 반영되었다. 북한의 작가, 예술인들은 사회주의 조선의 출발을 가장 빠른 시간 안에 인민들에게 인식시켜주어야 했다.[2) 소련의 우

---

2) 북한정권 초기 북한과 소련의 문화교류에 대해서는 찰스 암스트롱, 「북한 국가형성의 재조명: 북한 문화의 형성, 1945~1950」(『현대북한연구』 2권 1호, 경남대학교 극동문제연구소, 1999)과 전영선, 「북한의 대외문화 교류와 문화외교 연구:

수성을 선전하고, 소련의 문화를 인민들에게 소개하는 작업은 문예조직이 해야 할 최우선적인 과제 중의 하나였다. 문학예술 전반에 걸쳐 진행된 소련식 사회주의의 접목에 대해서 북한은 긍정적인 평가를 내렸다.

> 지금 문학예술총동맹과 인민교육문화후원회 및 조쏘문화협회들은 자기 사업을 성과있게 전개하고있습니다. 조선인민은 민족문화건설에서의 이와 같은 발전에 대하여 이전에는 상상도 하지 못하였습니다.
>
> ― 김일성, 「북조선임시인민위원회사업 총화에 대하여: 북조선인민회의 제1차회의에서 한 보고, 1947년 2월 21일」, 『김일성 저작집 3(1947.1 ~1947.12)』, 조선로동당출판사, 1979, 118~119쪽.

조쏘문화협회 활동에 대해서는 대단히 긍정적으로 평가하였다. '발전에 대해서는 이전에는 상상도 하지 못하였습니다'는 평가는 북한이 얼마나 적극적으로 '쏘련문학'의 수용에 힘을 기울였는지를 보여준다. 1950년대 이전까지 북한은 소련과의 문화협력을 통해, 민족문화가 복원되고 발전하게 되었다고 평가한 것이다.

해방 이후 북한 민주건설시기의 북-소 문화교류를 중심으로」(『중소연구』 35권 1호, 한양대학교 아태지역연구센터, 2011)를 참조.

북한의 문학은
어떻게 북한문학이 되었나

오늘 문화인들이 과거 일제시대의 낡은 사상과 관습을 다 청산하고
완전한 근로인테리가 되였다고 생각한다면 잘못입니다. 사람들의 머리
속에 남아있는 낡은 사상잔재는 일조일석에 다 청산될수 없으며 그것
은 꾸준하고 인내성있는 사상교양과 사상투쟁을 통해서만 극복될수
있습니다. 지금 문화인들은 근로인테리로 개변되는 과정에 있으며 낡
은 사상을 청산해나가는 과정에 있습니다.

—김일성, 「문학예술을 발전시키며 군중문화사업을 활발히 전개할데 대하여: 북조선로
　동당 중앙위원회 상무위원회에서 한 결론, 1947년 9월 16일」, 『김일성 저작집 3
　(1947.1~1947.12)』, 조선로동당출판사, 1979, 436쪽.

문학통제의 출발 『응향』사건

'『응향』'은 1946년 북조선문학예술총동맹 원산지부 동맹원들이 공동으로 시집의 제목이다. '『응향』 사건'이란 시집에 대한 북한 정권의 비판과 검열사건을 말한다. 『응향』이 발간되자 북조선문학예술총동맹은 『응향』에 실린 작품에 대하여 혹독하게 비판하였다. 북조선문학예술총동맹은 중앙상임위원회 명의로 '시집 『응향』에 관한 북조선문학예술총동맹중앙상임위원회의 결정서'를 북조선문학예술총동맹 기관지 『문화전선』 3집(1947년 2월)과 문학가동맹 기관지 『문학』에 게재하였다. 시집 『응향』 이후 북한에서 진행된 일련의 문학 검열과 통제가 시작된 것이다. 북한 정권의 문학통제의 출발이었다.[3] '시집 『응향』에 관한 북조선문학예술총동맹중앙상임위원회의 결정서'의 내용은 다음과 같았다.

> 첫째, 시집 『응향』에 수록된 시들은 '조선 현실에 대한 회의적, 공상적, 퇴폐적, 현실 도피적, 심하게는 절망적인 경향을 가졌음을 지적한다.'

---

3) 원종찬, 「북한 아동문단 성립기의 '아동문화사 사건'」, 『동화와번역』 제20집, 2010, 229~230쪽.

둘째, 작가들의 퇴폐적 경향은 복잡하면서도 비상한 속도로 건설되어 가는 조선 현실에 대한 인식부족에서 오는 것이다.

셋째, '역사적 변혁인 해방 후의 현실인식의 사상과 방법이 과거의 그것에 연장이다.

한 마디로 낡은 사상적 잔재에서 벗어나지 못하였다는 비판이다. 시집 『응향』에 대한 비판은 여기에서 그치지 않았다. 어느 한 개인의 문제가 아닌 원산문학동맹 전체의 일로 비판하였다. "시집 『응향』의 집필자들은 거의 모두 원산문학동맹의 중심인물로 하나나 둘이 이상 지적한 바와 같은 경향을 가진 것이 아니고 여러 사람이 거의 동상동몽인 데에 문제의 중요성이 있다"고 판단하였다.

한두 시인의 문제가 아닌 원산문학동맹 맹원들의 사상적인 문제를 제기한 것이다. 작품에 대한 검토 비판과 함께 자기비판이 이어졌다. 여기에 더하여 『응향』에 대한 발매를 금지하였다.4) 시집 『응향』과 관련한 비판과 결정을 의미하는 '응향사건'은 북한 문학예술계에서 자유주의 성향을 가진 문인들이 배제당하는 첫 사례이자 자유주의 문학과 결별하는 시발점이었다.5)

---

4) 「시집 『응향』에 관한 북조선문학예술총동맹중앙상임위원회의 결정서」, 『문화전선』 3집, 북조선문학예술총동맹, 1947.2, 82~85쪽 참조.

'응향사건'을 계기로 문학에 대한 통제가 본격화 되었다. 1947년에 출간한『문장독본』,『예원써클』,『관서시인집』 등에 대해서도 서구적 퇴폐와 일제의 잔재가 묻어 있는 이른바 '예술지상주의'적 작품 및 작품집으로 규정하면서, 뿌리 뽑아야 할 척결의 대상으로 비판하였다. 이러한 비판과 동시에 부르주아 잔재 청산을 명분으로 체제 문학으로의 조직적 교양사업을 추진하였다.[6]

작가, 예술인들 속에 남아있는 일제의 낡은 사상잔재는 우리의 문학예술발전에 이러저러하게 나쁜 영향을 미치고있습니다. 지금 우리의 문학예술은 새 민주조선 건설과 인민들의 요구를 따라가지 못하고있으며 협소한 수공업적형태를 벗어나지 못하고 광범한 대중과 동떨어져있습니다.

— 김일성, 「문학예술을 발전시키며 군중문화사업을 활발히 전개할데 대하여: 북조선로동당 중앙위원회 상무위원회에서 한 결론, 1947년 9월 16일」,『김일성 저작집 3(1947.1~1947.12)』, 조선로동당출판사, 1979, 436쪽.

---

5) 김재용, 「북한 문학계의 '반종파 투쟁'과 카프 및 항일 혁명 문학」,『역사비평』, 1992년 봄 참조.
6) 신지연, 「서정의 딜레마: 1950년대 북한 문단의 논의를 중심으로」,『우리어문연구』 40집, 우리어문학회, 2011, 90쪽.

잔재청산 작업의 명분은 1950년대에서도 계속되었다. 김일성은 1951년 6월 작가들과 한 담화에서 '자연주의 및 형식주의와의 투쟁을 견결히 전개'할 것을 지시했다. 이 지시에 맞추어 문단의 거물 안함광은 1951년도 문학을 개관하는 자리에서 '우리 창작계에 아직도 자연주의 및 형식주의 요소 내지 경향이 있다는 사실'을 지적하면서, 자연주의와 형식주의 요소를 없앨 것을 강조하였다.[7]

> 문예총중앙위원회 집행위원회에서는 문화예술작품들을 집체적으로 토의하여야 하며 작품들에 대한 대중의 의견도 적극 받아들여야 합니다. 문예총에서는 문학예술작품들에서 당의 로선과 정책을 잘못 반영하거나 낡고 불건전한 사상요소가 나타나면 자그마한 것이라도 날카롭게 비판하고 제때에 고치도록 하여야 하겠습니다. 독초는 싹이 돋을 때 잘라버려야 합니다.
>
> — 김일성, 「문화예술총동맹의 임무에 대하여: 조선문학예술총동맹 중앙위원회 집행위원들 앞에서 한 연설, 1961년 3월 4일」, 『김일성 저작집 15(1961.1~1961.12)』, 조선로동당출판사, 1981, 46쪽.

---

7) 위의 글, 89쪽.

부르주아 문학의 낡은 잔재를 청산함으로써 혁명사업을 온전히 진행하자는 것이었다. 잔재 청산 사업을 통해 온전한 사회주의 문예조직화를 시도하면서, 일체의 '불순한 요소'도 허용하지 않는다는 목표로 진행 되었다. '잔재청산'은 주체사상에 입각한 문예조직으로의 온전한 전환을 위한 문학계의 청산 과정이었다.

'8월 종파사건'과 북한문학의 지형 변화

'응향사건'이 북한 문학예술계에서 자유주의 성향을 가진 문인들이 배제당하는 첫 사례이자 시발점이었다면 '8월 종파사건'은 북한문학이 주체사실주의로의 외길로 나아가는 계기가 된 사건이었다.

1948년 5월 10일 남한에서 선거를 통해 단독 정부를 수립하자, 북한도 8월 25일 단독 선거를 실시하고 9월 2일 최고인민회의를 개최하고 9월 9일 조선인민공화국을 선포한다. 이로써 남북은 38선을 사이에 두고 두 개의 정권이 수립되었다. 북한 정권 출범 당시의 권력구도는 복합적이었다. 수상에 김일성, 부수상에 박헌영, 홍명희, 김책이 선출되었고, 내각의 주요 자리는 북로당계, 남로당계, 연안파, 소련파 등이 두루 기용되었다. 이러한 구성은 북한 내의 정파적인 상황을 고려한 것이었다. 북한 정권 출범 당시만 해도 김일성의 빨치산 계열, 박헌영의 남로당 계열, 김두봉의 연안파, 허가이의 소련파 등의 모든 정치세력이 소련의 영향하에 있었고, 어느 쪽으로도 힘이 크게 기울지 않았다.[8]

이들 세력들은 '6·25 전쟁'이나 전후복구 경제건설 사업, 농업협동화 사업 등에서 갈등을 보였다. 이들 세력 간의 갈등과 투쟁이 만만치 않았던 상황에서 마침내 1956년 8월 8월 30일 당 중앙위원회 8월 전원회의에서 반김일성파에서 김일성 1인 체제를 공격하면서 김일성 축출을 시도한 '8월 종파' 사건이 발생하였다. 김일성의 최대 정치위기 사건이라고 할 수 있는 '8월 종파' 사건은 북한 정권 내의 오랜 권력과 노선 갈등의 산물이었다. 연안파의 거두 무정이 '6·25 전쟁' 중에 숙청되었지만 연안파는 당내에서 상당한 세력을 형성하고 있었고, 소련파 역시 일정 부분 당내 세력을 형성하고 있으면서 전후복구건설 과정 정책에서 마찰을 일으키고 있었다.

김일성은 소련을 본보기로 국방강화의 필요성을 강조

---

8) 박상천, 「'평화적 건설 시기'의 북한 정권 수립에서 문학의 역할」, 『한국언어문화』 23권, 한국언어문화학회, 2003, 53쪽.

하면서 중공업 우선정책을 추진하려 하였던 반면 인민생활 향상이 급하다고 하면서 소비재 생산을 강조하였다. 이와 함께 농업협동화 정책에 대해서도 소련파와 연안파는 생산력 발전이 없는 상태에서 생산관개의 개조는 안 된다는 논리로 반대하였다. 전후복구 건설에 대한 갈등 끝에 1956년까지 '전후 3개년 계획'이 추진되었고, 1957년부터 제1차 5개년 경제개발 계획이 수립되었다.

그러나 김일성 독재와 전후복구 사업에 대한 소련파와 연안파의 불만은 마침내 의회혁명을 통한 김일성 축출시도로 이어졌다. '전후 3개년 계획'이 끝나고 제1차 5개년 경제개혁이 시작되기에 앞서 1956년 김일성은 소련을 비롯한 동구유럽의 지원을 위한 순방에 나선다. 김일성의 부재를 틈타 연안파의 지도적 인물이었던 김두봉, 최창익, 윤공흠, 서휘, 이상조, 이필규, 장평산 등과 소련파의 박창옥, 김승화, 박의완, 김재욱 등이 김일성의 개인숭배를 비판하면서 축출하려 하였다.

김일성은 급히 귀국하였고 1956년 8월 30일 개최된 당 중앙위원회 8월 전원회의에서 최창익, 윤공흠 등이 김일성 1인 독재체제를 비판하면서 실각을 주도하였다. 하지만 반김일성파의 움직임은 사전에 노출되었다. 사전에 계획을 알고 있던 친김일성파에서는 군대를 동원하여 사태를 진압하였다. 김일성을 제거하려던 시도는 오히려 김일성파의 완승으로 끝나 버렸다.

유일체계의 성립

김일성의 최대 위기였던 '8월 종파' 사건은 역설적으로 김일성 권력을 절대 권력화 하는 계기가 되었다. '8월 종파' 사건 이후 권력을 강화해 나가던 김일성은 권력기반을 제도적으로 강화하는 조치를 본격화 하였다. 1966년 당대표자회의와 당중앙위원회 전원회의를 잇달아 열면서 당 조직을 개편하였다. 당 중앙위원회 위원장·부위원장 직제를 당 중앙위원회 총비서·비서 체제로 개편하였다. 당 중앙위원회 조직 개편은 외형상 협의체로서 집단지도 체제를 단일지도 체제로 전환하는 것이었다. 권력을 일인 지배체제로 전환함으로써 '8월 종파사건'이 두 번 다시 일어나지 않도록 개편하였다.

김일성 반대파들은 크게 반발하였지만 반대파에 대의 저항은 오래가지 못하였다. 반대파에 대한 대대적인 숙청이 진행되었다. 숙청작업은 1967년 5월에 열린 당 중앙위원회 제4기 15차 전원회의에서 절정에 달하였다. 당중앙위원회 정치위원 겸 조직담당 비서 박금철, 정치위원 겸 대남담당 비서 이효순, 사상담당 비서 김도만, 국제부장 박용국, 과학교육부장 허석선 등의 고위 인사들이 종파주의 내지 가족주의자, 지방주의자로 몰려 숙청되었다.

김일성 반대파가 숙청되면서 김일성을 중심으로 한 유일지도체계는 무소불위의 권력으로 강화되었다. 이후 김일성을 중심으로 한 단일 지도체계, 수령을 중심으로 모든 당원과 당 조직이 수령을 위하여 복무하는 강력한 체계가 필요하다는 '유일사상체계'의 논리가 개발되었다. 유일사상체계에서 '유일'은 수령의 사상체계로서 수령의 혁명사상 이외의 다른 어떤 사상도 허용하지 않는 혁명사상의 유일성과 단일성을 의미한다. 북한에서 유일하게 허용되는 사상은 주체사상이다. 따라서 유일사상체계는 주체사상을 유일한 사상으로 인정하고, 유일사상체계 구현을 위한 수령지도체계로의 권력 개편을 의미하는 것이었다.

새로운 문학의 요구

북한문학이 지금과 같은 체제로 전환된 것은 1960년대 후반이었다. 유일사상체계가 시작된 1960년대 중반 이후 북한 문학예술계의 최대 과제는 혁명문학예술의 정립이었다. 혁명문학예술의 정립은 김일성이 항일혁명투쟁 시절에 직접 창작하였거나 연출한 '불후의 고전적 명작'을 현대적으로 재창작하는 것으로부터 시작하였다.

1967년을 기점으로 새로운 문학예술 건설이 진행되었다. 새로운 문학예술 정립의 명분은 '새로운 시대에 맞는 새로운 문학예술'이었다. 새로운 것과 낡은 것의 중심은 사상이었다. 새로운 사상으로 주체사상이 유일사상으로 인정되었다. 주체사상이 새로운 사상이 되기 위해서는 기존의 사상과 차별이 있어야 했다. 주체사상이 왜 '새로운 사상'인지, 그리고 왜 주체사상이 유일한 사상이 되어야 하는 지에 대한 논리를 만들었고, 유일성을 교육하기 위한 문학예술이 보급되기 시작했다. 인민을 대상으로 한 선전사업, 사회운동이 전국적으로 벌어졌다.

김일성의 항일혁명 신격화의 길로

문학예술을 통한 선전사업의 핵심은 김일성의 항일혁명투쟁 기록을 신격화하는 것이었다. 1967년 5월에 이르면서 본격화되기 시작한 선전사업을 통해 '항일 빨치산의 회상기'를 비롯하여 김일성의 항일혁명과 관련한 다양한 자료들이 소개되었다. 동시에 항일무장혁명투쟁 당시의 문학예술이 전면적으로 부상되었다.[9]

새로운 혁명예술의 뿌리자 전형이 된 것은 항일혁명문화유산이었다. 1920년대와 1930년대 김일성이 항일 빨치산 활동시절에 창작하였다는 작품이었다. 항일혁명투쟁 시절에 창작한 가요, 연극 등의 작품이 적극적으로 발굴되었다. 이 작품들은 '새로운 시대'에 맞는 '혁명예술'의 전형적인 예술 창작의 모범적 사례로 평가되었다. 발굴된 빨치산 문학예술은 현대적으로 옮기는 재창작 사업을 통해 새로운 모습을 태어났다. 문화예술계의 혁명이 진행되었다. 문화예술계의 혁명을 통해 오늘날 북한 문학예술의 전형이 되는 작품, 즉 '혁명문학예술'의 선보이기 시작하였다. 북한식 혁명문학예술의 시작이었다.

빨치산 활동의 참가자들이 수기를 연재하고 그 과정에서 가요 〈용진가〉나 촌극 대본 〈피바다〉, 〈경축대회〉, 〈성황당〉 등이 발굴되었다. … 동시에 김일성의 부모인 김형직과 강반석이 식민지시대에 항일운동을 하면서 창작하고 보급했다는

---

9) 유임하·오창은·김성수, 「북한 문학사의 흐름과 쟁점」(이화여자대학교 통일학연구원 남북문학예술연구회 발표자료집, 2008년 3월 26일) 참조.

애국가류와 계몽가사류도 발굴되어 근대문학사 초기의 대표
작으로 부각되기에 이르렀다.

— 유임하·오창은·김성수, 「북한 문학사의 흐름과 쟁점」(이화여자대학
교 통일학연구원 남북문학예술연구회 발표자료집, 2008년 3월 26
일), 22쪽.

문학예술을 통한 혁명화 사업을 위해서 우선 필요했던
것은 대작이었다. 혁명 역사를 정당화하고, 정통성을 만들
기 위한 대작, 북한문학예술의 원천이 되는 대작이 필요했
다. 인민들에게 혁명일화를 감동 깊게 전달할 영화나 연극
을 만들기 위한 대작이 있어야 한다. 작가들에게는 혁명전
통을 주제로 한 문학예술 창작이 주문되었다.

지금 우리 당의 혁명전통을 주제로 한 문학예술작품이 얼
마 없으며 특히 대작이 적습니다. 항일무장투쟁기재참가자들
의 회상기는 더러 있지만 항일무장투쟁기재 취급한 소설도
신통한 것이 없고 영화도 신통한 것이 없습니다. 조국해방전
쟁을 주제로 한 작품도 대작이라고 할만한 것이 없습니다. 좋
은 소설이 있어야 그에 근거하여 영화와 연극도 좋은 것을
만들겠는데 대작이 없기때문에 영화나 연극도 좋은 것이 나
오지 못합니다. 문학예술부문에서의 근본결함은 대작이 나오

지 못하는 것입니다.

— 김일성, 「당, 정권기관, 인민군대를 더욱 강화하며 사회주의대건설
을 더 잘하여 혁명적대사변을 승리적으로 맞이하자: 조선로동당 중
앙위원회 제5기 제10차전원회의에서 한 결론, 1975년 2월 17일」,
『김일성 저작집 30』, 조선로동당출판사, 1985.

여기서 대작이란 항일무장혁명을 정통으로 다룬 작품
이었다. 김일성의 항일혁명투쟁을 줄거리로 하면서 혁명
의 당위성과 위대성을 드러내는 작품이었다. 북한에서 유
일한 지도자이자 유일한 혁명사상을 만든 김일성의 유일
성을 뒷받침할 수 있는 혁명역사를 문학예술이 만들어야
했다.

유일시대의 유일한 문학, 혁명문학

북한문학은 유일사상체계에 맞는 지도자상을 만들어야
했다. 작가들에게 유일의 절대 지도자의 위상에 맞는 수령
형상화가 요구되었다. 새로운 지도자상은 김일성을 노동
계급의 지도자로 만드는 과정이었다. 독립운동가가 아니
라 제국주의에 맞선 노동계급의 지도자로서 위상이 필요

했다. 김일성의 활동은 노동해방, 계급투쟁의 관점에서 새롭게 기술해야 했다. 대중교양사업의 임무가 문학과 영화 일꾼에게는 맡겨졌다.

혁명전통을 주제로 한 영화와 소설 같은것을 많이 만들어내며 문학예술작품을 가지고 사람들을 교양하는 사업을 잘하여야 합니다. 영화는 누구나 보면 내용을 쉽게 알수 있고 깊은 감명을 받기때문에 대중교양에서 위력한 수단으로 됩니다. 최근 당의 지도밑에 예술영화 ≪마을사람들속에서≫와 ≪유격대의 오형제≫를 비롯하여 사상예술성이 높은 혁명전통주제의 예술영화들이 적지 않게 나왔습니다. 예술영화 ≪유격대의 오형제≫는 수령님으로부터 높은 평가를 받고 인민상을 수여받은 작품입니다. 이 영화는 오늘 근로자들을 당의 유일사상으로 무장시키고 혁명화, 로동계급화하는데서 커다란 역할을 하고있습니다.

— 김정일, 「청소년들속에서 혁명전통교양을 더욱 강화할데 대하여: 조선로동당 중앙위원회 선전선동부 일군들과 한 담화, 1969년 8월 12일」, 『김정일선집 (1)』, 조선로동당출판사, 1992, 475쪽.

북한문학의 정치화 과정을 주도한 인물은 백인준이었다. 백인준은 수령형상의 정치적 문제를 혁명예술을 통해 어떻게 풀어 나가야 할지를 작품으로 보여주었다. 본보기 작품이었다. 백인준이 가극 대본을 맡은 〈꽃파는 처녀〉와 〈밀림아 이야기하라〉는 본보기 작품 중에서도 핵심 작품 이었다.

혁명가극 〈꽃파는 처녀〉는 김일성 주석이 1930년 가을 에 오가자에서 직접 창작했다는 '혁명연극'을 가극의 무대 형식으로 옮긴 5대혁명가극의 하나이다. 북한에서는 앓고 있는 어머니 때문에 고생하는 마을 청년을 보고 작품을 구상한 김일성이 직접 대본을 쓰고 주제곡을 지어서, 1917년 10월 혁명 13주년 기념행사에 처음 무대에 올렸다 고 한다. 이후 〈꽃파는 처녀〉는 1972년에 영화로 재창작 되어 까를로보바리 국제 영화축전에서 특별상을 받기도 하였다. 1972년에는 1972년 만수대예술단에서 '피바다식' 혁명가극으로, 1977년에는 장편소설로 옮겨졌다.

〈밀림아 이야기하라〉는 일제강점기를 시대적 배경으로 주인공 최병훈의 항일정신을 김일성 주석에 대한 찬양과 결부시켜 수령의 혁명임무를 받아 혁명의 한길에서 자신 의 모든 것을 다 바쳐 싸우면서 수령에게 끝없이 충성하 는 혁명투사의 이야기를 다룬 작품이다. 1971년 가극대본 으로 발표된 것을 1972년 당시 평양예술단(현 국립민족예 술단)에서 공연하였다.

백인준의 본보기 작품을 시작으로 수령의 혁명역사를 주제로 한 창작이 독려되었다. 이후의 북한 문학예술은 김일성의 '항일혁명문학'을 최고 유일의 정통성을 가진 것을 확인하는 과정, 김일성 가계(家系)의 문학예술을 발굴하여, 성역화하는 과정으로 전개되었다. 북한문학의 '주체문예론'으로의 일방통행이 시작된 것이다. '주체사상을 유일사상으로 하는 유일사상체계화'가 본격화 된 1967년 이후 북한문학은 '주체사실주의'로의 일방적인 전개가 시작되었다. 북한문학에서 창작의 자유가 거세되었다.

주체사상을 바탕으로 한 문예이론서 시리즈.
주체적문예리론연구(11), 윤기덕의 『수령형상문학』(문예출판사, 1991)

조선의 별

김 혁

조선의 밤하늘에 새별이 솟아
3천리강산을 밝게도 비치네
짓밟힌 조선에 봄은 오리라
2천만 우리 동포 새별을 보네

캄캄한 밤하늘 바라다보니
신음하는 조국산천 어리여오네
변치말자 혁명에 다진 그 마음
2천만 우리 동포 새별을 보네

간악한 강도 일제 쳐물리치고
3천리에 새별이 더욱 빛날제
조선아 자유의 노래 부르자
2천만 우리 동포 새별을 보네

※ 북한에서 최초의 수령형상 작품으로 평가하는 <조선의 별>

북한문학의 영원한 주제,
변함없는 레토릭, 수령

'히틀러 신화'에 대한 연구는 대중을 나치 지배 체제에 동원시키고 통합시킬 수 있었던 결정적인 동력을 '히틀러 신화' 속에서 찾았으며, 심지어 나치당에 대한 반감을 가졌던 사람들조차 히틀러의 카리스마적 지도력에 대해 강력한 신뢰를 가지고 있었던 것이다.

— 나인호, 「나치 독재의 정치종교와 전체주의적 대중 만들기」, 임지현·김용우 엮음,
비교역사문화연구소 기획, 『대중독재1 강제와 동의 사이에서』, 책세상, 2005, 211쪽.

수령의 사회, 수령의 문학

북한 사회를 이해하기 위해서는 수령을 이해해야 한다. 수령이란 단순히 행정부의 수반이나 국가를 대표하는 통치자 등의 행정이나 법적인 직책을 의미하는 용어가 아니다. 수령은 인류역사에서 노동계급의 이익을 대변하는 사상을 만들고 노동계급의 발전을 이끌어 온 위대한 사상가와 실천가를 의미한다.

로동계급의 혁명사상은 탁월한 수령들에 의하여 창시됩니다. 백수십년의 공산주의운동력사는 로동계급의 수령들이 혁명사상을 창시하고 발전시켜온 력사이며 그것이 구현되여 세계를 변혁시켜온 력사라고 말할수 있습니다. 19세기중엽에 맑스와 엥겔스는 맑스주의를 내놓음으로써 투쟁무대에 등장한 로동계급의 력사적사명과 해방의 앞길을 밝혀주고 자본을 반대하는 투쟁을 추동하였으며 국제공산주의운동의 시원을 열어놓았습니다. 레닌은 자본주의가 제국주의단계에로 넘어간 새로운 력사적조건에 맞게 맑스주의를 발전시켜 레닌주의를 내놓음으로써 로동계급과 인민들을 제국주의의 아성을 짓부시고 자유와 해방을 이룩하기 위한 투쟁에로 고무하였으며 자본주의로부터 사회주의에로 이행하는 시초를 마련하였습니다.

수령님께서는 억압받고 천대받던 인민대중이 자기 운명의 주인으로 등장하는 새로운 시대의 요구를 깊이 통찰하시고 위대한 주체사상을 창시하심으로써 자주성을 위한 인민대중의 투쟁을 새로운 높은 단계에로 발전시키시였으며 인류력사 발전의 새 시대, 주체시대를 개척하시였습니다.

　― 김정일, 「주체사상에 대하여: 위대한 수령 김일성동지 탄생 70돐기념 전국주체사상토론회에 보낸 론문, 1982년 3월 31일」.

　북한의 주장에 따르면 공산주의 운동의 역사는 노동계급의 수령들이 혁명사상을 창시하고 발전시켜 온 역사이다. 북한의 주장에 따르면 인류역사에서 새로운 혁명사상을 창시한 인물과 사상으로는 '맑스와 엥겔스'의 '맑스주의', '레닌'의 '레닌주의', '수령님(김일성)'의 '주체사상'이 있다. 주체사상을 인류 역사발전에서 특히 노동계급의 발전에서 중요한 혁명적 사상으로 평가한다.

　주체사상에서 주목할 점은 '억압받고 천대받던 인민대중'이라는 점이다. 다른 수령들이 '노동계급과 인민'으로 표현하였던 것을 '인민대중'으로 표현하였다. '노동계급'을 언급하지 않고 '억압받고 천대받던'이라는 단서를 달았지만 '인민대중'을 역사발전의 주체로 강조하였다. 이처럼 인민대중에 의한 역사발전을 강조한 것은 북한 정권수립

당시의 특수성과 연관된다.

마르크스에 따르면 역사 발전은 생산력과 생산관계에 따라서 이루어진다. 생산력이 한계에 이르면 새로운 생산관계로 발전한다는 것이다. 원시공산사회에서 노예제, 봉건제, 자본주의, 사회주의, 공산주의로 발전한다는 것이다. 마르크스의 이론에 따르면 사회주의 단계로 가기위해서는 자본주의 단계를 거쳐야 한다. 자본주의 단계에서 자본주의 제도의 모순으로 인하여 자본계급과 노동자계급 사이에서 갈등이 발생한다. 자본주의가 발전할수록 계급 사이의 갈등이 커지고, 마침내 노동계급에 의하여 사회주의 단계로 들어선다.

논리적으로 보면 북한에서 사회주의 혁명이 일어나기 위해서는 자본주의 단계를 거쳐야 한다. 하지만 광복 당시 북한 사회는 자본주의 사회라고 할 수 없었다. 계급적인 갈등이 있기는 했지만 자본주의 사회로 규정하기에는 논란이 있다. 이런 상황에서 사회주의 정권이 들어섰다. 정권의 정당성을 설명한 수 있는 논리가 필요하였다. 마르크스 이론에 대한 수정이 불가피 했다.

김일성은 역사발전의 주체로서 '노동계급' 대신 '인민대중(사람)'을 중심에 놓고 설명하였다. 역사발전은 '자주성', '목적성', '창조성'을 가진 인간에 의해 발전한다는 것이다. '주체사상'의 탄생이었다. 주체사상에서는 인민대중에 의해 역사가 발전한다고 하면서도 수령의 영도성을 강조한다. 인민대중은 역사의 주체이지만, 역사의 주체로 나서기 위해서는 수령이 필요하다는 논리였다. 김일성의 주체사상은 김정일로 이어졌다. 후계자로서 명분도 김정일이 주체사상에 대해 가장 잘 알고 있다는 것이었다.[10]

역사, 인민대중, 수령

주체사상에서는 사람이 역사 발전의 주인이라고 설명한다. 사람이 역사 발전의 주인이 되는 것은 사람의 본질 때문이다. 사람은 자주적, 창조성, 의식성을 본질적 존재로 한다는 것이다. 자주성은 세계와 역사의 주인으로서 자주적으로 살려는 것이며, 창조성은 목적의식적으로 세계를 개조하고 자기 운명을 개척해 나가는 것이며, 의식성은 자신과 세계를 파악하고 발전시키기 위하여 활동을 규제하

---

10) 김정일은 1982년에 '위대한 수령 김일성동지 탄생 70돐기념 전국주체사상토론회에 보낸 론문' 「주체사상에 대하여」에서 주체사상을 "수령님께서 가르치신바와 같이 주체사상은 사람이 모든 것의 주인이며 모든 것을 결정한다는 철학적원리에 기초하고있습니다"고 규정하였다.

는 것이다. 역사는 이러한 사람의 본질에 의하여 발전되어
왔다는 것이다.

역사발전의 주체가 사람이라고 하여 그대로 역사발전
의 주체가 되는 것은 아니다. 사람이 역사발전의 주체가
되기 위해서는 선진적인 사상으로 이끌어 주는 존재가 있
어야 한다. 이 선진적 사상을 이끌어 주는 것이 바로 '로동
계급의 수령'이다. 수령은 사람들로 하여금 역사발전의 주
체로서 나서게 하는 '수뇌'이며, 당은 수령의 사상을 인민
들에게 전달하는 신경과 같은 존재이다. 따라서 인민대중
이 역사발전의 주체로서 온전하게 나서기 위해서는 수령
과 수령의 현신인 당에 대한 절대적 신뢰가 있어야 했다.

사회주의 사상의 기초 원리에 바탕으로 북한 현실을 창
조적으로 접목한 결과 '수령님(김일성)께서는 억압받고 천
대받던 인민대중이 자기 운명의 주인으로 등장하는 새로
운 시대의 요구를 깊이 통찰하시고 위대한 주체사상을 창
시'함으로써 새로운 시대가 열렸다는 것이다.

자주적으로 나아가는 나라들은 오늘도 변함없이 로동계급
의 혁명적원칙을 지키고 사회주의길로 나아가고 있습니다.
이런 나라들은 맑스-레닌주의를 적용하는 경우에도 자기 나
라의 실정에 맞게 창조적으로 적용하였으며 남이 어떻게 하

든 그것을 맹목적으로 따라가지 않습니다. … 우리는 주체사상을 가지고 있음으로 하여 사회주의 사상적기초를 공고발전시키는 문제를 가장 빛나게 해결하였습니다. 우리가 주체사상을 가지지 못하고 남이 하는대로 따라하였더라면 세상에서 가장 우월한 우리 식의 독특한 사회주의를 건설할수 없었을 것입니다.

— 김정일, 『사회주의의 사상적기초에 관한 몇가지 문제에 대하여』, 조선로동당출판사, 1998, 1~2쪽.

사회주의 사상을 기초로 하면서 현실에 맞게 창조적으로 적용한 주체사상만이정통성을 인정받게 되었다. 이에 따라 노동당의 역시 '주체형의 혁명적 당'으로 규정되었고 최고 강령은 '온 사회의 주체사상화'로 설정되었다. '온 사회의 주체사상화'는 것은 '혁명과 건설에서 주체사상을 확고한 지도지침으로 삼고 주체사상을 철저히 구현하여 공산주의 사회를 건설하는 것'으로 설명한다. '온 사회의 주체사상화'는 사회의 모든 성원을 주체사상으로 의식화하여 '주체형의 공산주의 혁명가'로 만드는 것과 '사회생활의 모든 분야를 주체사상의 요구대로 개조하는 것'을 의미한다.[11]

북한문학과 수령형상의 원칙

북한문학이 주체사실주의를 추구하는 현 시대가 주체시대이기 때문이다. 주체시대란 '모든 문제를 주체의 틀 안에서 고민하고 해결하는' 시대이다. 주체시대를 살고 있는 인물은 주체시대에 맞아야 한다. 즉 주체시대의 전형적인 인간이 되어야 한다. 주체시대의 전형적 인간형은 '주체의 틀 안에서 고민하고 해결하는 인간형'이다.[12]

주체시대의 전형적 인간형은 공산주의적 인간형의 가장 선진적인 인간형이라고 평가한다. 공산주의적 인간형이란 공산주의 운동 역사를 알고 있는 공산주의자들 가운데서 가장 고상한 풍모와 높은 자질을 가진 공산주의자형을 말한다. 주체형의 인간은 이런 공산주의자 중에서도 가장 앞선 인간형이라는 것이다. 작가들은 마땅히 문학을 통해 인민대중이 본받을 수 있는 인간형을 보여주어야 한다. "문학에서는 로동자, 농민을 비롯한 인민대중의 기본을 그리면서 인민속에서 나온 공산주의적인간을 전형으로 내세"[13]워 나가야 한다.

---

11) 김남식, 「주체사관은 유물사관의 발전적 계승이다」, 『역사비평』 계관 14호(가을), 역사비평사, 1992, 45쪽.

12) 전영선, 『북한의 문학과 예술』, 역락, 2004, 22쪽.

주체시대의 가장 이상적인 공산주의적 인간형은 수령이다. 수령은 정치적으로서 가장 완벽할 뿐만 아니라 인간적인 측면에서도 완벽한 품성을 지닌 인물이다. 북한의 주장에 의하면 수령은 완벽한 인간이기 때문에 수령의 위상을 올바르게 그려야 한다. 완벽한 인간으로서 수령을 형상하는 데 있어 몇 가지 원칙이 있다. 수령을 형상하는 데 원칙을 정한 이유는 수령을 형상하는 작가, 예술인들이 정치적으로나 인간적으로나 부족하여, 수령의 면모를 올바로 형상하기가 어렵기 때문이라고 설명한다.

북한문학에서 수령형상화에서 반드시 지켜야 할 기본적인 원리·원칙은 다음과 같다.[14]

① 수령의 위대성을 깊이 있게 형상해야 하며, 특히 걸출한 사상이론가로서의 수령의 위대성과 정치가, 전략가, 영도의 예술가로서의 위대성을 잘 형상해야 한다.

② 수령이 지닌 인간적 풍모의 위대성을 형상해야 한다. 특히 혁명전사와 인민의 자애로운 어버이로서 수령의 위대성을 깊이 있게 형상해야 한다. 수령의 내면세계, 심리세계를 깊

---

13) 김정일, 『영화예술론』, 조선로동당출판사, 1973, 8쪽.
14) 이 부분은 임순희, 『북한문학의 김정일 '형상화' 연구』, 통일연구원, 2001, 2~3쪽에서 정리한 수령형상문학의 특징을 인용한 것이다.

이 있게 형상해야 한다.

③ 수령의 형상은 반드시 수령, 당, 대중의 3위 일체의 원칙에서 당과 대중과의 연관 속에서 형상해야 한다.

④ 수령의 위대성은 체계적·전면적으로 깊이 있게 형상해야 한다.

⑤ 수령에 대한 최대한의 정중성과 충성심을 반영해야 하며, 작품의 양상은 밝고 숭엄해야 한다.

⑥ 등장인물의 성격을 실재한 역사적 사실에 기초하여 인간학적 요구에 맞게 개성화해야 한다.

⑦ 수령을 구체적인 인물로 그리면서도 개인으로서 형상하지 말아야 한다.

⑧ 수령형상을 높은 수준에서 창작하기 위해서는 다른 인물의 형상화도 중요하다.

⑨ 후계자 김정일을 수령 김일성과의 관계 속에서 형상해야 한다.

수령형상화의 모든 원칙은 주체로부터 출발하여 주체로 귀결된다. 수령 이외의 인물들은 주체시대 공산주의적 인간으로서 당과 수령에 대한 충성을 다하며, 이를 온몸으로 실천하는 인간이어야 한다. 이것이 사회주의적 사실주의와 주체사실주의를 구분하는 기준이다.

수령형상을 기본으로 할 것을 명시한
문화성혁명사적관 말씀판과 수령형상원칙으로 그려진 미술 작품

북한문학 원천소스, 항일혁명

조선로동당의 력사는 곧 경애하는 김일성동지의 위대한 혁명활동력사이다. 우리 당이 걸어온 시련에 찬 투쟁의 길에도 영광에 넘친 승리의 길에도 김일성동지의 거룩한 자욱이 새겨져있으며 우리 당이 이룩한 위대한 업적도 우리 당이 지닌 불패의 위력과 높은 권위도 김일성동지의 존함과 결부되여있다.

— 김정일, 「조선로동당은 위대한 수령 김일성동지의 당이다」, 『김정일 선집』, 조선로동당출판사, 2000, 86쪽.

북한의 정체성을 규정하는 수령

1970년대 주체사상을 유일한 정통사상으로 한 유일사상 체계는 김정일에 의해 주도 된 이후, 현재에 이르기까지 수정이나 비판이 불가한 절대 원칙으로 북한 사회 모든 영역에서 작동되고 있다. 유일사상체계 수립은 행정적 개편 차원을 넘어 북한 사회 시스템 자체를 수령 중심으로 전환하는 작업이었다. 북한문학을 비롯하여 예술, 역사, 철학이 수령을 중심으로 개편되었다.

문학예술에서 미적 대상과 기준은 수령이다. 수령의 아름다움이나 수령과 관련한 아름다움이다. 수령의 아름다움은 두 가지로 설명한다. 하나는 사상가로서 아름다움이다. 수령은 새로운 이론은 창조하여 인민대중의 시대를 열었다. 또한 인간적으로도 완벽한 인물이다. 인민을 돌보는 어버이로서 자애로운 모습으로 그려진다. 가장 이상적인 인간상을 구현한 존재로 형상된다.

수령과 관련한 아름다움은 수령에 대한 절대적 충성과 믿음으로 구체화 되었다. 수령의 지도에 따라 사회주의 건설에 나선 인민들의 모습, 수령을 지키기 위하여 헌신을 다하는 당원이나 인민들의 모습이 아름다움의 기준이다. 사회주의 건설 과정 자체가 자주적 인간으로서 역사발전

의 주체로 나서는 과정이며, 투쟁과정이다. 주체 문학예술
은 '자주적 인간에 관한 문제, 인간의 자주성을 옹호하는
문제에 예술적으로 해답을 줌으로써 생활과 투쟁의 교과
서'가 되는 것을 목표로 한다.[15]

역사에서는 김일성이 곧 당과 일체가 되었다. '조선로동
당'의 역사가 김일성에 의해서 새롭게 창조되고 만들어진
당과 수령이 일체의 역사로 규정되었다.

> 조선로동당은 위대한 수령 김일성동지의 당이며 김일성동
> 지의 위대한 존함과 업적으로하여 우리 당의 50년 력사가 빛
> 나는 것이다. 김일성동지의 존함과 업적은 우리 당의 력사와
> 더불어 영원불멸할 것이다. … 김일성동지께서는 혁명의 주
> 체는 인민대중이라는 확고한 신념으로부터 인민대중을 조직
> 동원하여 혁명투쟁을 벌리시였으며 당창건을 위한 사업도 인
> 민대중속에 들어가 대중속에서 참다운 공산주의자들을 키워
> 내고 기층당조직을 꾸리는 방법으로 아래에서부터 기초를 쌓
> 아나가시였다.
>
> ─김정일, 「조선로동당은 위대한 수령 김일성동지의 당이다」, 『김정일
> 선집』(14), 조선로동당출판사, 2000, 86~87쪽.

---

15) 채상우, 「북한의 주체문예이론」, 동국대학교 한국문화연구소 편, 『북한의 문학과
문예이론』, 동국대학교출판부, 2003, 138쪽.

철학적 체계에서는 '주체형의 공산주의적 인간형'이 최고의 가치로 규정된다. 수령에 대한 충실성은 "주체형의 공산주의적 인간의 기본품성이고 성격의 핵이며 바로 여기에 사회정치적 생명체의 공고성을 담보하는 기본 요인"이다.16) 수령을 위한 충실을 주체형의 공사주의적 인간으로서 최고 덕목으로 인식한다. 주체형의 공산주의적 인간이란 '정치사상적측면에서나 정신도덕적 측면에서 주체사상의 요구를 투철하게 구현한 새로운 유형의 인간'이다. 주체형의 공산주의적 인간은 공산주의적 인간이면서 동시에 당과 수령에 대한 충실성을 가지고 '수령님의 교시와 난관을 자체의 힘으로 뚫고 나가면서 위대한 수령님의 교시와 당정책을 무조건 철저히 관철해 나가'는 인간이다. 김일성 주석과 김정일 국방위원장에게 자신의 운명을 전적으로 의탁하고 주체 혁명 위업의 완성을 위하여 모든 것을 다 바쳐 투쟁하는 혁명가가 가장 이상적인 인간형인 것이다.17)

---

16) 최인경, 「주체형의 공산주의적 인간전형 창조에 대한 완벽한 이론적 해명」, ≪문학신문≫, 1993년 5월 7일자.
17) 전영선, 『북한의 문학예술 운영체계와 문예이론』, 역락, 2002, 120~121쪽.

북한문학의 원천 소스 항일무장혁명

유일사상체계가 정립된 이후 북한문학의 목표는 유일사상체계를 올바르게 정립하는 것이었다. 김정일은 1966년 2월 '조선작가동맹 중앙위원회 위원장과 한 담화' 「새로운 혁명문학을 건설할데 대하여」에서 새로운 혁명문학의 목표에 대해 "우리는 새로운 혁명문학을 건설하여야 합니다. 우리가 말하는 새로운 혁명문학은 명실공히 수령을 형상한 문학을 의미합니다"[18]고 규정하였다.

유일사상체계를 바로 세우기 위해서는 당적 지도가 필요하였다. 개인의 창작보다 집체창작이 중요했다. 유일사상체계를 세우는 과정은 곧 수령을 어떻게 형상하느냐와 연관되는 중요한 문제이기 때문에 작가 개인의 역량으로는 한계가 있다는 것이다. 당의 지도를 받고, 조직화된 창작을 통해 수령의 혁명사상을 올바르게 형상해야 된다는 것이었다. 수령을 올바로 세우지 못하게 되면 수령에 대한 과오가 나타나기 때문에 수령형상은 곧 엄중한 정치 교양 사업의 하나였다.

---

18) 김정일, 「새로운 혁명문학을 건설할데 대하여: 조선작가동맹 중앙위원회 위원장과 한 담화, 1966년 2월 7일」, 『김정일선집 (1)』, 조선로동당출판사, 1992, 112쪽.

반당반혁명분자들이 문학예술부문에 뿌려놓은 사상여독
은 일부 작가들속에서 ≪창작의 자유≫를 운운하면서 제멋대
로 안일하게 생활하는 현상이 지속되고있는데서도 찾아볼수
있습니다. 이 모든것은 다 당과 수령의 권위와 관련되는 매우
심각한 문제이며 문학예술부문에 당의 유일사상체계가 똑똑
히 서있지 못한데서 오는 엄중한 사상적과오입니다.

　— 김정일, 「4·15문학창작단을 내올데 대하여: 조선로동당 중앙위원회
　　선전선동부 책임일군들과 한 담화, 1967년 6월 20일」, 『김정일선집
　　(1)』, 조선로동당출판사, 1992, 242쪽.

　수령형상은 지금까지 일관되게 지속되는 북한문학의
영원한 주제이다. 김일성의 항일무장혁명투쟁은 북한의
유일한 정치운영 방식이나 위기 극복의 방법으로 가장 많
이 활용되는 서사의 전형이다.[19] 북한문학의 유일한 원천
도 김일성의 학일무장혁명투쟁이다. 북한문화의 유일한
원천인 항일무장혁명투쟁은 다양한 방식으로 되풀이 된
다. 원 소스 멀티유즈의 전형을 보여준다. 북한에서 김일
성의 항일혁명 역사는 흘러간 과거의 기억이 아니라 현실
속에서 강하게 작동하는 현실이다.

---

19) 조은희, 「북한 혁명전통의 상징화 연구」, 이화여자대학교 박사논문, 2007.

혁명역사에 대한 해석과 정통화 작업은 다양한 방식으로 반복적으로 재현된다. '조선 전사'와 같은 역사로 기록되고, '불멸의 역사' 같은 총서 형식이 문학으로 재현되었다. 그리고 〈조선의 별〉과 같은 장편서사시로, 다시 동명의 다부작예술영화로 재현되었다. 또한 대규모 인원이 참여하는 음악무용대서사시로, 대형연속 조선화로서, 대형벽화로서, 대집단체조와예술공연으로 반복적으로 재현된다. 시대의 변화에 맞추어 새로운 세대의 등장, 새로운 매체의 등장과 함께 다양한 형태의 이야기로 끊임없이 재생산 된다. 그렇게 유일사상의 정당성이 강조된다.

북한의 역사를 예술로 재현한 대집단체조와 예술공연 <아리랑>

북한문학,
이야기를 통한 대중 지배 전략

　당원들과 근로자들의 혁명관을 세우는데 도움을 주기 위하여 문학예술작품을 잘 만드는것이 중요합니다. 지난 기간에 만든 혁명전통주제의 작품들을 보면 주로 퉁탕거리면서 전투하는것, 적의 무기를 빼앗는것, 깊은 눈길을 헤치면서 행군하는것과 같은 장면들뿐이고 주인공들의 다양한 생활을 그린것이 적습니다.

　문학예술작품을 그렇게 만들어서는 안됩니다. 항일유격대가 간고한 투쟁을 하였다고하여 밤낮 전투만 하고 행군만 한것이 아닙니다. 유격대라고하여 왜 생활이 없겠습니까. 항일유격대원들의 생활가운데는 동지들에 대한 사랑, 인민들과의 관계를 비롯하여 여러가지 내용들이 많습니다.

— 김일성, 「당, 정권기관, 인민군대를 더욱 강화하며 사회주의대건설을 더 잘하여 혁명
　적대사변을 승리적으로 맞이하자: 조선로동당 중앙위원회 제5기 제10차전원회의에서
　한 결론」.

북한에서 문학은 무엇을 하나

북한에서는 왜 문학을 창작하고 읽게 할까? 북한체제의 정당성을 인민들에게 전달하는 것이 일차적인 이유이다. 북한에서 문학은 북한의 정치와 체제를 이해하는 중요한 교양도구의 하나이다. 김일성의 혁명투쟁 역사는 상징화된 상징조작을 통하여, 다른 한편으로는 이야기 방식을 통하여 끊임없이 대중들을 설득한다. 혁명사적지, 혁명전적지를 비롯하여 국가 주도의 의례적인 행사들을 통한 혁명전통 교양 사업과 함께 소설과 영화를 비롯한 이야기 방식을 통한 대중 설득 전략이 작동된다. 이러한 설득 전략은 체제 정당화의 핵심기제 가운데 하나이고, 문학은 곧 설득적 방식의 체제정당화 수단이다.

북한이 이야기 방식을 택하는 이유는 자연스러운 내면화에 목적이 있다. 하나의 이야기를 반복적으로 다양한 방식을 통해 전달함으로써 최고지도자와 관련한 이야기들을 사실로 받아들이게 한다. 김일성이나 김정일의 혁명설화나 혁명 전설은 이야기로서 실화와 허구를 넘나들면서 수령체제의 정당성을 설득한다. 정치학습 교양과 함께 문학적 서사가 사실로 받아들이는 결정적인 역할을 하는 것이다. 문학은 그렇게 기능한다.

북한이 구비문학을 정책적으로 활용하여 얻고자 한 것은 북한 당국이 추구하는 이념을 인민들에게 주입하는 것이었다. 이념이란 다름 아닌, 이념들이 북한의 현체제를 인정함으로써 국가에 대해 애국·충성을 다하도록 만드는 것이었다. 구체적으로 말해서, 설화를 통해서는 입지적 정통성과 국가권력의 정통성을 확인시킴으로써 김일성·김정일 부자가 이끄는 현 체제 자체에 이의제기를 할 수 없이 만들고, 민요를 통해서는 그렇게 구성된 사회주의 국가에서의 생활이 얼마나 행복한가를 주입함으로써 당에 충성을 다하도록 만드는 것으로 각각 도구화하고 있다는 것이다.

— 한정미, 『북한의 문예정책과 구비문학의 활용』, 민속원, 2008, 133쪽.

사람들이 이야기에 귀를 기울이는 것은 이야기가 흥미롭기 때문이다. 논리적이고 설득적이기보다는 감성적으로 접근한다. 정서로 공감하고, 예술적 형상화를 통해 경외감을 불러일으킨다. 예술적 감동과 영향은 가늠하기 어렵다. 정치가의 입장에서 보면 더없이 유용하고, 매력적인 수단이다. 북한의 인민대중을 효율적으로 지배하고 관리하는 수단으로 더없이 유용하다. 이러한 이야기의 유용성 때문에 국가에서 관리하는 것이다.

최고지도자의 이야기를 문학예술로 접하게 하고, 혁명

사상을 교양한다. 북한만의 전략은 아니다. 계몽을 목적으로 한 모든 창작물이 그렇다. 역사를 그대로 읽기보다는 문학적 형식을 통하는 것이 일반 역사를 통한 읽기보다는 한층 수월하고 이해도 빠르다. 예전에도 이런 직업을 가진 사람들이 있었다. 어려운 경전이나 역사적 사실을 이야기로 풀어나가는 것은 전통적인 서사 구연 방식이었다. 어려운 역사나 불경을 이야기로 해설하고 풀어주었던 전기수나 강창사, 강담사 같은 이야기꾼들이 있었다. 이들은 역사, 혹은 경전(經典)을 쉽게 풀어줌으로써, 경전과 대중 사이를 이어주었다.[20]

문학으로 만나는 혁명역사

문학의 효용성에 대해서는 일찍부터 주목하였다. 김일성이 작가에게 내렸던 교시에서 실마리를 찾을 수 있다.

혁명적인 소설도 청소년들을 공산주의적으로 교양하는 힘

---

[20] 이야기꾼에 대한 논의는 김태준, 「中人文學과 이야기꾼」(『국어국문학 논문집』 15, 동국대학교 국어국문학과, 1992)와 김용범·전영선, 「古典小說의 流通構造 硏究」(『인하어문연구』 2호, 인하대학교 인하어문연구회, 1995) 참조.

있는 수단의 하나입니다. 소설을 읽는 것은 사람들의 생활에서, 특히 희망과 포부가 크고 감정이 풍부한 젊은청년들의 생활에서 뗄래야 뗄수 없는 중요한 문화사업입니다. 사람들의 생활은 다양하여야 하며 또 생활에 변화가 있어야 재미도 있습니다. 밥도 하루 세끼 똑같은 것을 먹는 것보다 아침과 점심이 다르고 저녁도 다른 것을 먹어야 맛이 있듯이 책도 정치서적만 볼 것이 아니라 소설 같은 것도 읽어야 사람들의 감정이 풍부해지고 생활에서 재미가 있습니다. … 특히 혁명적인 소설은 청년들의 혁명의식을 북돋아주는데 큰의의가 있습니다. 이 것은 우리의 경험에서도 잘 알수 있습니다. 우리가 그전에 학생때 혁명활동을 하면서 여러가지 혁명적인 소설을 많이 읽었는데 지금도 그 것이 잊혀지지 않습니다. … 오늘 우리의 청년들도 혁명적인 소설을 많이 읽어야 혁명적의지를 더욱 단련할 수 있고 혁명의식을 빨리 발전시켜나갈 수 있습니다.

—김일성, 「청소년들에 대한 공산주의적교육 교양의 몇가지 문제: 조선로동당 중앙위원회 제4기 제20차전원회의 확대회의에서 한 결론, 1969년 12월 5일」, 『김일성 저작집 24(1969.6~1969.12)』, 조선로동당출판사, 1983.

혁명적인 소설을 읽는 것이 청소년 교양에 도움이 되기

에 많이 읽혀야 한다는 것을 강조하였다. 김일성이 자신의
경험을 바탕으로 작가들에게 요구한 사항이다. 청소년들
은 책을 많이 읽어야 하는데, 특히 정치서적만 볼 것이 아
니라 소설을 많이 읽는 것은 혁명사상으로 무장하는 데
도움이 된다고 강조하였다.

> 나는 아버지에게서도 혁명적영향을 받았지만 중학교시절
> 에 소설들을 읽는 과정을 통하여 혁명을 해야 하겠다는 결심
> 을 더욱 굳게 가지게 되었습니다. 나는 그때 소설들을 읽고
> 자본주의사회의 모순과 빈부의 차이, 사회악에 대하여 더 잘
> 알게 되었습니다. … 나뿐아니라 나와 같이 투쟁한 동무들도
> 문학예술작품들을 읽고 거기에서 많은 영향을 받았습니다.
> 우리는 길림에서 공청사업을 할 때 학생들에게 소설을 많이
> 읽도록 하였으며 그 과정을 통하여 청년학생들을 계급적으로
> 각성시키고 혁명조직에 묶어세울수 있었습니다.
>
> ─김일성, 「혁명적대작을 더 많이 창작하자: 작가들과 한 담화, 1963
>   년 11월 5일」, 『김일성 저작집 17(1963.1~1963.12)』, 조선로동당출
>   판사, 1982.

문학작품 중에서도 특히 강조한 것은 혁명소설이다. 혁
명투쟁을 내용으로 한 소설을 읽을 때 혁명의식을 발전시

켜 나갈 수 있기 때문이다. 이때 혁명소설을 포함하여 문학예술이 교양사업으로서 의미가 있기 위해서는 사실을 충분히 반영해야 한다는 점을 강조하였다.

몇해전에 만든 예술영화 《유격대의 오형제》에는 항일유격대원들의 생활이 비교적 잘 그려졌습니다. 생활을 잘 그리지 못한 문학예술작품은 사람들의 혁명관을 세우는데 큰 도움을 주지 못합니다. 항일무장투쟁과정에는 오늘 당원들과 근로자들이 혁명관으로 무장하는데서 본보기로 될수 있는 감동적인 사실들이 많았습니다. 그런데 지금 그때 자료들을 찾아내여 글로 써놓은것이 많지 못합니다. 혁명전통자료들을 적극 찾아내여 당원들과 근로자들을 혁명적으로 교양할수 있는 소설, 영화를 비롯한 여러가지 문학예술작품을 많이 만들어야 하겠습니다.

— 김일성, 「당, 정권기관, 인민군대를 더욱 강화하며 사회주의대건설을 더 잘하여 혁명적대사변을 승리적으로 맞이하자: 조선로동당 중앙위원회 제5기 제10차전원회의에서 한 결론, 1975년 2월 17일」, 『김일성 저작집 30』, 조선로동당출판사, 1985.

북한문학에서 최고 성과로 평가되는 것은 총서 '불멸의 력사'이다. 총서란 하나의 주제로 된 연속편의 소설이다.

총서는 김일성과 김정일의 혁명역사를 소재로 하여 주요 행적을 장편소설로 쓴 시리즈물이다. 총서 '불멸의 력사'는 이야기 방식을 통한 대중설득 전략의 본보기 작품이다. 소설이라는 문학적 형식을 통해 정치적 의도를 반영하여 교양할 수 있는 세련된 전략으로서 창작된 작품이다.

김일성은 항일혁명과정에서 인민교양을 위한 문학예술의 대중성을 확인하였고, 대중설득의 효과를 확인한 김일성은 항일무장혁명을 문화예술의 중심에 세울 것을 강조한 것이다.

김일성이 창작지도하였다는 '불후의 고전적 명작'을 각색한 혁명가극 <꽃파는 처녀>

북한문학 이론

: 종자, 속도전, 인민성

문학예술작품을 창작하는 과정은 생활속에서 종자를 골라잡고 그것을 예술적으로 가공하여 형상으로 실현하는 과정이다. 종자로부터 이야기의 줄거리가 뻗고 형상의 꽃이 피여나며 그속에서 주제가 여물고 사상적 내용이 심오하고 뚜렷하게 부각되는 것은 작품의 생리적 과정이다.

— '종자', 『문학예술사전(중)』, 과학백과사전종합출판사, 1991.

작가가 말하고자 하는 알맹이 종자

북한문학에서 작가가 말하고자하는 주제를 '종자'라고 한다. 종자란 한 마디로 작가가 말하려는 기본 문제이자, 작품의 사상·예술적인 핵심을 의미한다. 문학에서 종자는 작품의 생명의 핵으로서 형상의 모든 요소들을 하나로 통일시키고 관통하는 기본요인이다.[21] 종자를 올바로 잡지 못하면 작품을 통하여 올바른 문제를 제기할 수 없고, 인민들의 사상교양에 이바지 할 수 없게 된다는 것이다.

작품의 주제, 작가가 말하고자 하는 의식을 종자라고 하는 것은 작품 창작 과정을 식물의 성장에 비유하여 표현하였기 때문이다. 종자에서 싹이 나고 꽃이 피고 다시 열매가 맺는 것처럼, 작품이란 좋은 주제의 종자를 잡아서 이야기를 만들어 나가면서 작품을 완성하면서 주제를 드러내는 것이다. 좋은 결과를 맺으려면 먼저 좋은 종자를 잡아야 한다는 것을 강조한다.

사상적 알맹이를 잡지 못하면 감동을 주지 못한다는 것이다. 사상적 알맹이를 올바로 선택하지 못하고, 작품의 사상성을 높이려 애쓰는 것은 씨앗을 심지도 않고 좋은

---

21) 김정일, 「영화예술론(1973.4.11)」, 『김정일선집 3』, 조선로동당출판사, 1994, 44
쪽 참조.

열매를 바라는 것과 같다는 것이다. 문학작품의 성패는 '어떻게 형상하느냐'보다 '어떤 종자를 선택하느냐'에 따라서 영향을 더 많이 받는다는 것이다.

종자와 생활

종자는 "작품의 핵으로서 작가가 말하려는 기본문제가 있고 형상의 요소들이 뿌리내릴 바탕이 있는 생활의 사상적 알맹이"[22]이다. 문학예술에서 종자는 생활에서 나오고, 생활을 통해 실천된다.

문학예술작품에서 소재와 주제, 사상은 종자를 기초로 하여 유기적인 련관속에서 하나로 통일된다. 소재는 종자의 생활적 기초이며 종자를 형상으로 꽃피우는 생활바탕으로 된다. 생활소재는 종자의 요구에 맞게 형상적으로 재구성됨으로써 작품의 주제사상적 과제를 밝혀내는데 작용한다.
— '종자', 『문학예술사전(중)』, 과학백과사전종합출판사, 1991.

---

22) 김정일, 「영화예술론(1973.4.11)」, 『김정일선집 3』, 조선로동당출판사, 1994, 45 쪽 참조.

좋은 종자를 잡기 위해서는 먼저 의의 있는 생활소재를 찾아야 한다. 종자는 것은 사건이나 문제에 대한 시각으로부터 시작한다. 사건을 대하는 시각은 종자를 선택하는 문제와 필연적 관계를 맺는다. 사건이 발생할 때, 그 사건을 어떤 세계관을 갖고 접근하며, 어떻게 풀어 나갈 것인가는 곧 세계관과 연결되기 때문이다. 올바른 세계관을 가져야 좋은 종자를 선택할 수 있다. 작가가 종자를 잡았다고 할 때에는 작품의 주제와 사상은 물론 예술적으로 꽃피울 수 있는 형상요소와 양상까지 포착하였다는 것을 의미한다.[23]

종자론의 핵심 두 요소는 사상성과 미적 가치이다. 우선은 사상성이다. 창작에서 최우선적으로 해결해야할 과제는 종자를 옳게 골라잡는 것이다. 그렇다고 해서 창작에서 사상성이 좋은 소재를 선택하는 문제에 한정되지 않는다. 종자는 '작품의 사상성과 예술성을 결합시키며, 작품의 철학적 깊이를 보장하고, 창작자의 예술적 환상을 불러일으키는 원천'인 동시에 '창작자를 속도전으로 추동하는 요인'이다.

좋은 종자를 잡기 위해서는 "시대와 혁명의 요구에 맞는 종자를 탐구하는데 언제나 깊은 관심을 돌려야"[24]한

---

23) 리현길 편, 『위대한 령도자 김정일동지의 사상리론』, 사회과학출판사, 1998, 153~154쪽.

다. 당면한 현실 문제가 무엇인가에 대해 관심을 가져야 한다. 그리고 어떻게 풀어갈 것인가를 결정해야 한다. 그런 다음 종자를 기초로 소재를 선택하고 창작 과정에서 사상을 내세워야 한다. 종자란 소재의 차원을 넘어 주제를 꽃피워 가는 과정을 포함한다.

북한은 모든 작품에 종자가 있는 것이 아니라고 한다. '생활을 왜곡하고 고상한 사상'을 담지 못한 작품에는 참다운 의미에서의 종자가 있을 수 없다는 것이다. 여기서 고상한 사상은 곧 주체사상을 의미한다. 종자는 사회주의적 사실주의 작품에만 존재한다는 입장이다. 결론적으로 말하자면 종자는 '주체시대의 이념을 분석하고 사회발전의 원리를 밝혔다'고 주장하는 주체사상 안에서 유효한 이론이다.

종자와 사상

종자의 핵심은 사상성이다. 사상성이 바로 서야 당의 정책을 정확히 반영할 수 있고, 당의 노선과 정책에 철저하게

---

24) 김정일, 『영화예술론』, 조선로동당출판사, 1973, 20쪽.

의거하여 시대가 제기하는 사회 정치적 과제에 대한 올바른 사상적 해답을 줄 수 있기 때문이다. 종자를 똑바로 잡아야 작품의 사상·미학적 의도를 정확히 전달할 수 있고, 작품의 철학성을 보장받을 수 있다는 것이다.

종자론은 사상성을 작품을 통해 어떻게 구현할 것인가 하는 문제로 귀결된다. 이러한 종자를 구현한 작품으로 높게 평가하는 작품으로 〈돈키호테〉, 〈고리오 영감〉, 〈누구를 위하여 종은 울리나〉 등이 있다. 북한의 해석에 의하면 〈돈키호테〉의 종자는 '지나간 시대의 낡은 투구와 갑옷으로써는 전진하는 역사의 수레바퀴를 멈춰 세울 수 없다'이다. 〈고리오 영감〉의 종자는 '부르주아 사회에서는 혈육들 사이에도 금전관계 외에는 그 어떤 관계도 허용하지 않는다'는 것이다. 〈누구를 위하여 종은 울리나〉의 종자는 '개인의 침해는 전 인류에 대한 훼손이 된다'는 것이다.[25]

창작의 성패 역시 사상에 달려 있다. 주인공으로서 공산주의적 인간의 전형을 얼마나 잘 선택하느냐의 문제로부터 출발한다. 당대 사회의 특성을 보여줄 수 있는 인간의 전형을 선택하지 못한다면 아무리 문학적으로 잘 형상화되었다고 해도 훌륭한 작품이 못된다.

---

25) 김정웅, 『종자와 작품창작』, 사회과학출판사, 1987, 23쪽.

문학예술작품은 종자를 핵으로 하여 모든 형상요소들이 유기적으로 결합되고 통일된 전일체를 이루며 작품을 창작하는데서 종자를 골라잡고 그것을 예술적으로 가공하여 주제사상을 밝혀내는 과정은 창작의 모든 고리들이 밀접하게 련결된 총체를 이룬다. 따라서 형상의 심오성이 보장되고 작품의 사상예술적질이 담보되려면 창작과정의 모든 고리들이 잘되어야 한다. 여기로부터 문학예술작품의 철학적깊이는 종자의 철학적무게, 사상의 철학적심오성, 사회적문제의 예리성, 생활의 새로운 탐구, 깊이있는 분석적인 세부묘사와 언어구사 등에 의하여 보장되게 된다. 종자의 철학적 무게, 사상의 철학적심오성, 사회적문제의 예리성, 생활의 새로운 탐구, 깊이있는 분석적인 세부묘사와 언어구사는 유기적인 련관속에서 작품의 철학적 깊이를 보장하는 요인으로 작용한다.

— 한중모, 『주체적문예리론의 기본: 사회주의 공산주의문학예술의 건설』, 문예출판사, 1992, 72~73쪽.

북한에서 세계 문학 속에서 종자가 구현된 작품을 언급하는 것은 종자의 이론이 보편적 문학이론이라는 것을 강조하려는 데 있다. 즉 세계의 명작 속에서 종자를 해석함으로써 종자이론의 보편성을 확보하려는 것이다. 특히 사회주의적 사실주의 작품에는 종자가 잘 구현된 작품이 있

다고 강조한다. 이렇게 되면 자연스럽게 사회주의적 사실
주의에서 한 단계 더 발전시켰다고 하는 주체의 문예이론
에서 종자 문제가 더욱 분명해진다. 종자의 핵심인 사상은
곧 주체사상이고, 창작에서 종자가 잘 구현되었다는 것은
곧 모든 문제를 주체상의 관점에서 해결한다는 것으로 귀
결된다.

종자와 속도전

속도전이란 한 마디로 빠른 속도로 문학예술을 창작하는
것이다. 속도전은 단순히 빠른 시간을 의미하지 않는다.
빠른 시간 안에 작품을 창작하되 높은 질적 수준이 담보
되어야 한다. 짧은 시간에 질적으로 높은 수준의 작품을
창작하기 위해서는 어떻게 해야 할까? 종자를 잘 잡아야
한다. 종자를 잘 잡는 것이 핵심이다. 그래서 속도전과 종
자론은 불가분의 관계를 갖는다.

　종자를 바로잡는 것은 속도전의 선결조건이다. 종자를 바
로잡고 작품에 대한 확신을 가지고 창작에 모든 력량을 집중
할 때 높은 속도가 나오게 되며 작품의 질도 높아지게 된다.

속도전에서는 종자를 똑바로 쥐고 작품에 대한 파악이 생긴 다음 대담하게 전격전을 벌리고 섬멸전의 방법으로 창작과제를 실현해나감으로써 문학예술창작에서 비상히 빠른 속도가 나오고 예술적 형상의 질이 더욱 높아지게 된다.

— 『문학예술사전(중)』, 과학백과사전종합출판사, 1991, 278쪽.

문학예술창작에서도 종자를 똑바로 골라잡고 작품을 파악한 다음에는 모든 력량을 집중하여 강의한 의지와 열정을 가지고 창작사업을 전격적으로 밀고 나가야 비상히 빠른 속도가 나오게 되고 작품의 질이 높아지게 된다.

— 한중모, 『주체적문예리론의 기본: 사회주의 공산주의문학예술의 건설』, 문예출판사, 1992, 304쪽.

속도전의 세 요소는 사상, 기술, 지도이다. 세 요소 중에서 핵심은 사상이다. 사상문제를 해결하는 것이 핵심이다. 작가, 예술이들 속에서 당과 수령에 대한 끝없는 충성심을 높이고 자기 임무에 대한 높은 책임감을 간직하게 하며 집단의 사상의지적 통일을 보장하는 것이 속도전을 이루는 결정적인 요인이다. 당에서 요구하는 올바른 종자를 골라 최단 시간 내에 성과를 올리는 속도전은 비단 문화예술에만 국한된 문제가 아니었다. 사회·경제·문화 등 모든 분야에 적용되는 사회주의 건설을 위한 김일성 주석의 이론적·실천적 지침이다. 북한에서 가장 많이 접하는 용어 가운데 하나도 바로 '속도'이다. '평양속도'를 비롯하여 경제건설 동원에서 '속도'와 '전투'를 앞세운다. 짧은 기간 내에 전투적인 '일본새(일하는 모양이나 형식)'으로 높은 성과를 이룩하자는 것이다. 속도는 북한 체제의 높은 성과를 과시하는 용어이다.

생산현장의 속도전, 문학에 도입되다

문학예술 창작에서 속도전은 사회주의 건설에 따른 인민들의 노력동원을 촉진하기 위한 목적으로 창안된 속도전을 문학예술 창작에 도입한 것이다. 북한에서 속도의 문제가 처음 등장한 것은 6·25 직후였다. 이른바 전후복구 시기였다. 1958년 '평양속도'가 등장하였다. '평양속도'는 '보수주의와 소극성에서 탈피해 건축에 조립식 방법을 받아들임으로써 살림집 한 세대를 14분 만에 세우는 기적을 이룩하였다고 선전되었다. 7천 세대분의 자재와 자금, 노동을 가지고 2만 세대의 살림집을 건설하는 위훈을 떨쳤다면서 '평양속도'는 이내 북한 체제의 높은 성과를 과시

하는 아이콘이 되었다. 이어 1961년에 '비날론속도', 1969
년에 '강선속도'가 창조되었다.

모두 산업생산 분야에서 짧은 기간 동안 비약적 발전을
이룩한 것을 나타내는 용어로서 속도가 사용되었다. 이후
'속도전'이라는 용어는 1974년 2월 당 중앙위원회에서 사
회주의 노력경쟁의 공식구호로 채택되면서부터 공식적으
로 등장하였다.

1974년 2월 노동당 중앙위원회에서는 속도전을 대중동
원 방식으로 의미를 추가하였다. "달리는 천리마에 더욱
박차를 가하여 새로운 천리마속도, 새로운 평양속도로 질
풍같이 내달아 6개년 계획(71~76)을 당 창건 30주년(75.10.10)
까지 완수해야 하며 … 당조직들은 대중의 지혜와 창조적
열의를 적극 발양시켜 사회주의 건설의 모든 전선에서 속
도전을 힘있게 벌여 대진군 운동의 속도를 최대한으로 높
여야 한다"고 강조하였다. 이후 속도전은 '충성의 속도',
'70일 전투 속도', '80년대 속도창조운동', '90년대 속도창
조운동', '마식령 속도' 등으로 확산되었다.

생산 속도와 질을 포함하는 속도전

속도전의 이론과 원리는 문학예술 창작에도 이어졌다. 문화예술에서도 속도전이 중요한 이슈가 되었다. 문학예술이 사회경제 건설 사업은 아니지만 문화건설을 위한 과정에서 당정책을 즉시적으로 반영한 작품을 창작해야 할 임무가 있었다. 수시로 변화되는 당정책을 인민에게 선전하고 경제선동을 위한 목적으로 속도전이 필요했다. 즉 사회부문에서 개인의 역량을 최대한 발휘하여 당에서 제시한 과업을 수행하면서 사회주의 건설에서 "최단기간 내에 양적으로나 질적으로 최상의 성과를 이룩"하듯이 문화예술 분야에서도 전투정신을 발휘할 필요가 있었다.

한 축으로는 선전, 선동을 기본 이념으로 삼고 다른 한 축으로는 빠른 속도의 예술창작을 통해 경제건설과 마찬가지로 생산성을 배가하자는 의도가 포함된 것이다. 속도전에서는 빠른 창작 속도와 함께 작품의 질을 높여야 한다는 과제가 따른다. 따라서 북한 문학예술에서 속도전 이론은 속도전의 필요성과 속도전을 올바르게 구현할 수 있는 방법론에 초점이 맞추어져 있다.

인민성

인민성은 인민의 입장에서 인민의 이해관계에 따라 인민의 해방과 행복한 미래의 건설에 복무해야 한다는 논리이다. 문학에서 인민성이란 문학은 인민을 위해 복무해야 한다는 것이다. 문학은 인민의 이해관계를 객관적으로 반영하여야 하며, 인민대중이 알 수 있는 형식과 내용을 통해 인민들이 소망하는 주제를 반영해야 한다는 것이다.

문학이나 예술은 인민의 현실생활과 투쟁을 올바르게 반영하는 동시에 인민의 더욱 행복한 미래를 위하여 복무하는데 기여해야 한다는 입장이다. 문학과 예술에서 인민성을 구현하는 방법은 세 가지로 정리할 수 있다.

첫째, 인민의 생활 속에서 창작 소재를 찾는 것이다. 작품은 인민의 생활에서 본질적이고 의미 있는 문제를 반영해야 한다. 인민들의 생활 속에서 발생하는 이야기를 진솔하게 포착하여, 인민의 입장에서 투철한 투쟁을 전개하도록 이끌어야 한다는 것이다.

둘째, 인민을 선도해야 한다. 작품을 통해 인민들의 더욱 행복한 미래를 제시해야 한다. 인민들이 작품을 읽고 미래에 대한 낙관적인 전망을 갖고, 앞으로 나아갈 수 있도록 이끌 수 있어야 한다는 것이다.

셋째, 인민대중의 사상 감정과 미학적 요구에 맞게 예술적 형식들과 표현수단들을 올바르게 이용해야 한다. 문학이나 공연예술에서 인민이 쉽게 이해할 수 있어야 한다.

인민성을 실현하기 위해서는 문학예술 창작에서는 평이하고 소박한 언어를 사용하고, 인민에게 친숙한 선율과 율동을 이용해야 한다. 인민이 알아들을 수 없고, 인민이 따라 부를 수 없는 선율이나 인민이 따라할 수 없는 율동을 해서는 안 된다. 작품이 인민대중을 떠나지 않고, 인민대중들에게 쉽게 이해되도록, 인민대중들이 즐기는 생동하고 아름다운 형식들을 이용해야 하라는 것이다.

북한에서 작가되기와
4·15문학창작단

문학예술을 발전시키기 위해서는 오랜 작가, 예술인들을 민족문화건설사업에 적극 인입하는 동시에 근로인민출신의 신인 작가, 예술인들을 더 많이 육성하여야 합니다. 지금 로동자, 농민들 속에서 나온 신인 작가, 예술인들이 매우 적습니다. 작가, 예술인들 속에서 예술 신비주의와 신인 작가, 예술인들을 홀시하는 경향을 철저히 없애고 신인들을 더 많이 육성하기 위하여 적극 노력하여야 하겠습니다.

— 김일성, 「문학예술을 발전시키며 군중문화사업을 활발히 전개할데 대하여: 북조선로
　　동당 중앙위원회 상무위원회에서 한 결론. 1947년 9월 16일」, 『김일성저작집 3』,
　　조선로동당출판서, 1979, 437쪽.

북한에서 작가가 된다는 것은

북한에서 작가가 되기란 하늘에서 별 따기만큼 어렵다. 남한에서는 각종 언론사에서 시행하는 신춘문예를 비롯하여 전문 문예잡지의 수도 많고 다양하여 작가로서 등단의 기회가 많이 열려있다. 하지만 북한에서는 작품을 발표할 수 있는 발표 기회와 발표 지면이 절대적으로 부족하다. 전국적인 잡지나 신문이 극히 제한되어 있다. 작가가 되기를 원하는 사람은 많지만 작가로서 성공하는 사람은 극히 소수일 수밖에 없다. 작가에 대한 사회적 지위도 매우 높아서 작가는 선망의 대상이다.

북한에서 작가가 되는 가장 일반적인 방법은 중앙에서 발간하는 출판물에 글을 싣는 것이다. 중앙에서 발간하는 잡지로는 조선작가동맹 중앙위원회 기관지 『조선문학』, 예술전문 잡지인 『조선예술』, 대중종합잡지인 『천리마』, 청소년을 대상으로 한 잡지인 『청년문학』과 『아동문학』, 여성동맹 기관지인 『조선녀성』 등이 있다. 전국 단위의 신문으로는 조선노동당의 당기관지 ≪노동신문≫, 내각 기관지 ≪민주조선≫, 청년동맹 기관지 ≪청년전위≫가 있다. 이들 3대 신문이 중앙에서 발간하는 신문이다. 여기에 형식상으로는 지방지이지만 중앙지 역할을 하는 평양시

당위원회 기관지인 ≪평양신문≫ 등의 4개 신문이 중앙지에 해당한다.

중앙에서 발행하는 전국 단위인 이들 잡지나 신문에 시, 소설, 시나리오, 평론 등의 작품이 실리면 작가동맹의 인정을 받아 3년제의 전문 작가 양성소인 김형직 사범대학에서 작가수업을 받을 수 있게 된다. 당이나 단체의 기관지에 신인으로서 글을 싣는다는 매우 어려운 일이다. 기존 작가와 경쟁해야 하고, 응모자들 사이의 경쟁도 치열하다. 뿐만 아니라 수 백 페이지에 달하는 남한의 잡지와 달리 북한의 잡지는 지면이 100여 면 내외에 불과하다. 글을 실을 수 있는 지면 자체의 양이 많지 않다. 이처럼 제한된 지면에 기성 작가도 아닌 작가 지망생의 글이 실린다는 것은 그야말로 특출하지 않으면 불가능하다. 제한된 지면에 경쟁 작가들을 제치고 글을 쓴다는 것은 그야말로 하늘의 별따기이다.

창작 활동과 검열

작품을 출판하는 것도 쉬운 일이 아니다. 출판사로 보내진 작품들은 전문가들로 구성된 국가심의위원회에서 심사를 받아야 한다. 국가심의위원회는 작품의 질적인 면과 작가로서의 자질과 재능 등의 종합적인 내용을 검토한다. 국가심의위원회를 통과한 작품이라고 해도 다시 몇 단계의 검열 과정을 거쳐야 한다.

북한에서 검열은 모든 표현물이 거쳐야 한다. 검열에서는 문학이 갖추어야 할 당성, 노동 계급성, 인민성에 대한 검열을 받아야 한다. 내용이 어떻게 실천 되었는지, 당 정책의 수용과 관철에 대해 검증 받는다. 엄정한 심사과정을 거쳐야 중앙 단위 출판물에 글이 실릴 수 있고, 비로소 작가가 될 수 있는 자격이 주어진다. 글이 실리고 작가동맹의 추천을 받게 되면 3년 과정으로 전문작가를 양성하는 김형직사범대학 작가양성반에 입학할 수 있는 특전이 주어진다. 작가양성반에서 작가수업을 받는 것이 전문작가가 되는 가장 일반적인 길이다.

작가가 되고자 하는 지망생들을 위해 작가동맹에서는 군중문학 지도 사업을 한다. 작가동맹 중앙과 지방에 '군중문학지도부'를 두고 전문작가를 배치하여 국가심의위원회를 통과하려는 작가들을 돕고, 신진작가를 발굴하고, 일반인에 대한 문학지도 사업을 한다.

군중문학 현상공모

전국단위 출판물이 실리는 경우 외에 작가가 될 수 있는 방법은 군중문학 현상공모에 입상하는 것이다. 작가동맹에서는 매년 김정일 국방위원장의 생일(2.16)을 비롯하여 주요 명절을 기해 군중문학 현상공모를 실시한다. 북한에서 인민을 대상으로 한 현상공모가 시작된 것은 1970년대 초반이었다. 기록은『조선중앙연감 1972』에서 확인할 수 있다. 군중문학공모 분야는 시를 비롯하여 소설, 아동문학, 과학환상소설(공상과학소설), 극문학, 문학평론 등 문학 모든 분야이다.

혁명의 위대한 수령 김일성동지의 탄생 예순돐을 기념하여 작가동맹에서는 신인문학작품현상모집을, 영화문학창작사에서는 신인영화문학작품현상모집을, 연극인동맹에서는 신인극문학작품현상모집을, 음악가동맹에서는 신인음악작품현상모집을 진행하였다.

—『조선중앙연감 1972』, 조선중앙통신사, 1972, 343쪽.

군중문학 현상공모에 입상하면 '6·4문학상'이 수상되고 김일성종합대학교 문학대학 창작학부에 입학할 수 있는 특전이 주어지기도 한다. 또한 ≪소년신문≫, 『새날』과 잡지 『청년생활』, 『대학생』, 『새세대』 등을 비롯하여 금성청년출판사에서 간행하는 출판물에 3편 이상의 작품이 실리게 되면 김일성종합대학교 창작학부에 입학할 수 있는 자격이 주어진다. 김일성종합대학 창작학부는 작가가 되는 정통 코스는 아니지만 이곳을 졸업하고 작품 활동을 통해 재능을 인정받아 작가동맹의 추천을 받고 등단할 수 있다.

작가로서 최고의 명예, 4·15문학창작단

4·15문학창작단은 1967년 6월 20일 김정일 국방위원장의 지시로 설립된 북한 최고의 소설 창작집단이다. 4·15문학창작단의 주된 임무는 최고지도자와 관련한 일을 소설로 창작하는 것이다. 김일성 주석과 김정일 국방위원장, 그리고 가계인물들의 생애와 업적을 소설로 창작한 '총서' 시리즈가 대표적인 사업이다.

행정체계상 조선작가동맹 중앙위원회 산하단체이다. 북한을 대표하는 소설가 50~60명으로 구성된 것으로 알려져 있다. 4·15문학창작단의 작가로는 천세봉, 현승걸, 권정웅, 석윤기, 강능수, 김정, 최창학, 권정웅, 최학수, 김정, 이종렬, 진재환, 안동춘, 백남용, 박태수, 김정민 등이 있는데, 북한에서는 최고 작가로 평가 받는 작가들이다.

4·15문학창작단의 대표적인 사업으로는 김일성의 혁명 역사를 소설로 창작한 총서 '불멸의 력사' 창작사업, 김정일의 혁명역사를 소설로 창작하는 총서 '불멸의 향도'창작 사업, 김일서 주석의 회고록 '세기와 더불어', 장편실기 '21세기를 보다' 등의 집체창작 소설이 있다.

북한 소설사의 최고 걸작으로 꼽히는 '불멸의 력사' 총서 는 1968년 1월부터 창작되기 시작한 장편소설 시리즈물이 다. 총서 '불멸의 력사'는 김일성 주석의 항일무장혁명 투쟁 시기부터 사망이전까지의 역사를 시기별로, 사건별로 주제로 삼아 장편 소설로 창작한 것이다. 각 작품은 독립적인 장편소설이면서도 동시에 전체 주제인 김일성의 혁명업적을 주제로 이어져 있다. 총서의 작품으로는 〈닻은 올랐다〉, 〈혁명의 려명〉, 〈은하수〉, 〈백두산 기슭〉, 〈근거지의 봄〉, 〈혈로〉, 〈빛나는 아침〉, 〈조선의 힘〉 등이 있다.

조선작가동맹중앙위원회 부위원장
《김일성상》계관인 맹일선

조선작가동맹중앙위원회
아동문학분과위원장 박찬수

단장 《김일성상》계관인
최고인민회의 대의원 김 정

작가 《김일성상》계관인 남대현

수령형상문학의 대부, 백인준

경애하는 장군님께서 우리 당이 제일 아끼고 사랑하고 존경하던 다재
다능한 세계적인 대문호라는 최상의 영광을 안겨주신 작가 백인준

—「혁명적문학예술창작의 불멸의 대강」, 『조선문학』, 1999년 11호, 6쪽.

수령형상문학의 대부, 백인준

백인준은 북한작가 중에서 유일하게 '대문호'라는 칭호가 붙는 작가이다. '대문호'라는 수식어를 붙이는 것에서 알 수 있듯이 북한 문화예술계의 핵심적인 작가, 행정가로 활동하였다. 백인준이 높은 평가를 받는 것은 북한에서 수령형상 문제를 본격적으로 제기하고, 실천한 대표적인 작가이기 때문이다. 백인준은 북한 당국이 가장 원하는 작품을 창작함으로써, 수령형상의 전형을 세운 작가였다.

백인준이 김일성상 수상 작가이며, 최초의 인민상 수상 작가, 문화계의 첫 노력영웅 칭호를 받았다는 사실만으로도 백인준의 위상을 짐작할 수 있다. 동시에 백인준은 최고인민회의 부의장과 조선문학예술총동맹 위원장, 백두산창작단 단장 등의 중요한 직책을 거치면서 문화예술 행정가로 활동하였다.

백인준에 대한 평가는 영화문학과 공연예술 창작에서 두드러진다. 특히 이른바 '불후의 고전적 명작'을 영화와 공연예술로 옮기는 작업을 주도하였다. 당에서 필요로 하는 것이 무엇인지를 알고, 당의 요구에 맞는 작품을 창작하면서 본격적인 체제문학으로 전환한다.

그가 인생의 중년기에 이르러 창작의 새로운 리정표를 아로새기게 된것은 위대한 장군님의 각별한 보살피심과 가르치심을 받으며 항일혁명투쟁시기 위대한 수령님께서 몸소 창작공연하신 불후의 고전적명작들을 영화와 가극으로, 연극으로 옮기는 사업을 시작한 때부터였다.

— 「'위대한 인간' 위대한 스승의 손길로」, 『조선문학』, 1999년 6호, 17쪽.

백인준은 1960년대 중반 이후 문학예술계 최대 창작과제였던 '불후의 고전적 명작'을 현대적으로 재창작하는 사업을 총괄하면서 작가로서의 위상과 함께 예술행정가로서 위상을 굳혀나갔다.

백인준이 창작한 작품은 새로운 혁명문학 예술의 본보기적인 작품이었다. 백인중의 영화문학 〈누리에 붙는 불〉, 〈민족의 태양〉, 〈푸른 소나무〉, 〈려명〉, 〈친위전사〉, 〈성장의 길에서〉, 〈최학신의 일가〉, 혁명가극 〈꽃파는 처녀〉, 〈밀림아 이야기하라〉, 희곡 〈최학신의 일가〉, 〈두메산속에 꽃이 핀다〉, 가사 〈수령님의 만수무강을 축원합니다〉, 〈오직 한마음〉 등은 북한 문학예술계의 대표적인 성과로 평가된다. 백인준은 북한이 요구하는 '새로운 시대의 새로운 혁명예술'의 본보기적인 작품을 창작함으로써 최고의 찬사를 받았다.

백인준과 대작 논쟁

백인준의 문학 활동이 본격화된 시기는 유일사상체계 정립이 시작된 1967년 무렵이었다. 북한 문화예술계는 1967년을 기점으로 새로운 문학예술 건설이 진행되었다. 새로운 문학예술 정립의 명분은 '새로운 시대에 맞는 새로운 문학예술'이었다. '새로운 시대에 맞는 새로운 문학예술'을 통한 문화예술 혁명에서 우선 필요한 것은 '혁명적 대작'이었다. 다양한 형태의 문학예술 창작을 위한 '혁명적 대작 문학'이 필요하였다. 혁명적인 내용을 다룬 대작이 있어야만 영화나 연극을 만들 것인데, 대작이 없기 때문에 그렇지 못하다는 비판이 있었다.

지금 우리 당의 혁명전통을 주제로 한 문학예술작품이 얼마 없으며 특히 대작이 적습니다. 항일무장투쟁기재참가자들의 회상기는 더러 있지만 항일무장투쟁기재 취급한 소설도 신통한 것이 없고 영화도 신통한 것이 없습니다. 조국해방전쟁을 주제로 한 작품도 대작이라고 할만한 것이 없습니다. 좋은 소설이 있어야 그에 근거하여 영화와 연극도 좋은 것을 만들겠는데 대작이 없기때문에 영화나 연극도 좋은 것이 나오지 못합니다. 문학예술부문에서의 근본결함은 대작이 나오지 못하는 것입니다.

— 김일성, 「당, 정권기관, 인민군대를 더욱 강화하며 사회주의대건설
을 더 잘하여 혁명적대사변을 승리적으로 맞이하자: 조선로동당 중
앙위원회 제5기 제10차전원회의에서 한 결론, 1975년 2월 17일」,
『김일성 저작집 30』, 조선로동당출판사, 1985.

여기서 언급한 대작은 항일무장혁명을 정통으로 다룬
작품이었다. 1970년대의 혁명예술로서 '우리식 혁명예술'
의 정립을 위한 준비로서 모범이 되는 대작을 준비해야
했다. 대작의 핵심은 김일성의 항일무장혁명투쟁에 대한
역사적 해석을 담는 것이었다. 김일성의 항일무장혁명 투
쟁을 유일한 정통성으로 규정해야 했다. 초기 공산주의 운
동가들을 형식주의, 종파분자로 비판하는 동시에 김일성
의 공산주의 운동을 올바른 것으로 규정함으로써 혁명전
통의 정통성을 확보해야 했다.

유일사상을 뒷받침할 문학예술이 필요하였다. 문학예
술이 유일사상체계 합리화에 나섰다. 유일사상체계화 과
정은 인민을 대상으로 한 정치적 교양과 예술을 통한 설
득 과정으로 진행되었다. 유일사상 체계 확산을 위해 문학
예술이 가장 필요한 시기였다. 백인준이 앞장섰다. 백인준
은 김일성의 항일혁명투쟁을 유일한 정통성으로 하는 작

품을 발표하였다. 백인준이 창작한 작품들은 수령형상의 정치적 문제를 혁명예술을 통해 풀어 나가야 할 방향을 제시한 본보기 작품이었다. 당으로부터 핵심적인 인물로 중용되었고, 문화예술 혁명을 주도적으로 이끌어 갈 수 있었다.

백인준과 영화 그리고 백두산창작단

유일사상체계 작업이 시작되자 백인준은 '수령은 너무 위대해서 어느 한 개인의 힘만으로는 형상화가 불가능하다'는 논리를 전개하였다. 수령형상을 전문으로 하는 창작단의 필요성을 제기하였다. 백인준의 주장은 김정일에 의해 받아들여졌다. 수령형상을 전문으로 하는 창작단이 만들어 졌다. 수령형상 창작은 영화부터 시작하였다. 수령과 수령 일가의 이야기를 영화로 창작하는 전문창작단인 백두산창작단이 만들어 졌다. 영화의 주제전달력과 대중성을 활용한 수령형상화가 시작된 것이다.

문학예술부문에서 위대한 수령님과 수령님의 혁명적가정을 옳게 형상하자면 이 사업을 전문적으로 맡아할 창작단이

따로 있어야 합니다. 나는 이미 오래전부터 그러한 창작단을 내올것을 구상하여왔으며 지난 2월에 백두산창작단을 내오기로 하였습니다.

　　—김정일, 「문학예술작품에 당의 유일사상을 구현하기 위한 사업을 실속있게 할데 대하여: 문학예술부문 책임일군들앞에서 한 연설, 1967년 8월 16일」, 『김정일선집 (1)』, 조선로동당출판사, 1992, 302쪽.

백두산창작단은 문학예술 분야에서 수령형상화를 가장 먼저 시작한 창작단이다. 김일성 주석과 그 일가의 일대기를 전문으로 영화를 창작하면서 인민교양 사업의 본보기로 활동하였다. 백인준은 김정일의 신임을 바탕으로 백두산창작단의 초대 단장으로 임명되었다.

시대와 혁명 앞에 지닌 작가의 숭고한 임무를 자각한 백인준선생은 새로운 창작적흥분에 휩싸였다. 바로 이러한 때인 주체56(1967)년, 불후의 고전적명작들을 영화로 옮기며 위대한 수령님의 영광찬란한 혁명력사를 영화화하실 원대한 구상을 펼치신 경애하는 장군님께서는 몸소 백두산창작단을 창립하시고 백인준선생을 작가로 불러주시는 크나큰 믿음을 안겨주시였다.

　　—「'위대한 인간' 위대한 스승의 손길로」, 『조선문학』, 1999년 6호, 17쪽.

대중교양 사업에서 영화창작단이 가장 먼저 창작된 것은 영화의 장르적 특수성 때문이었다. 영화는 줄거리의 문학성과 노래, 연기 등이 결합된 복합장르이다. 영화는 여러 예술 장르 가운데서 정서적 감화력이 가장 높은 장르이다. 또한 인프라가 충분히 구축되지 않은 상황에서 선전매체로서 매우 유리한 점이었다.

근로자들을 혁명적으로 교양하는데서 혁명적문학예술이 노는 역할이 매우 큽니다. 특히 혁명적영화가 중요한 역할을 합니다. 영화는 광범한 대중을 교양하는데서 가장 중요한 선전수단입니다. 연극 같은 것은 공연하려면 큰 극장이 있어야 하므로 많은 제한성을 가지고있습니다. 그러나 영화는 큰 영화관이 없어도 사람들이 모일수 있는곳이면 어디에서나 돌릴수 있습니다. 영화는 대중을 교양하는데서 연극보다도 낫고 소설보다도 나은 가장 힘있는 교양수단입니다.

　─김일성, 「혁명교양, 계급교양에 이바지할 혁명적영화를 더 많이 만들자: 조선로동당 중앙위원회 정치위원회 확대회의에서 한 연설, 1964년 12월 8일」, 『김일성 저작집 18』, 조선로동당출판사, 1982, 459쪽.

김일성의 지적대로 영화는 큰 영화관이 없어도 사람들

이 모일 수 있는 곳이면 어디에서나 돌릴 수 있다. 영화의 이런 특성은 문화 인프라가 부족한 상황에서 매우 유리한 점이었다. 이런 이유로 영화부터 대중교양 사업이 시작된 것이다.

혁명전통을 주제로 한 영화와 소설 같은것을 많이 만들어 내며 문학예술작품을 가지고 사람들을 교양하는 사업을 잘하여야 합니다. 영화는 누구나 보면 내용을 쉽게 알수 있고 깊은 감명을 받기때문에 대중교양에서 위력한 수단으로 됩니다. 최근 당의 지도밑에 예술영화 ≪마을사람들속에서≫와 ≪유격대의 오형제≫를 비롯하여 사상예술성이 높은 혁명전통주제의 예술영화들이 적지 않게 나왔습니다. 예술영화 ≪유격대의 오형제≫는 수령님으로부터 높은 평가를 받고 인민상을 수여받은 작품입니다. 이 영화는 오늘 근로자들을 당의 유일사상으로 무장시키고 혁명화, 로동계급화하는데서 커다란 역할을 하고있습니다.

— 김정일, 「청소년들속에서 혁명전통교양을 더욱 강화할데 대하여: 조선로동당 중앙위원회 선전선동부 일군들과 한 담화, 1969년 8월 12일」, 『김정일선집 (1)』, 조선로동당출판사, 1992, 475쪽.

백인준의 작품 중에서 예술영화 〈누리에 붙는 불〉은 북한 최초로 '어버이수령님의 불멸의 영상을 모시는 예술영화'로 평가받는 작품이다. 백인준은 예술영화 〈누리에 붙는 불〉의 영화문학을 창작한 이후 수령형상을 기본으로 한 영화문학 창작에 몰두한다. 수령형상을 주제로 한 첫영화의 영화문학을 담당하였다는 것은 백인준에 대한 신뢰가 그 만큼 컸다는 것을 보여준다. 이후 백인준은 김정숙, 김형직 등 김일성 가계 일가의 이야기를 영화로 옮기는 작업을 계속한다. 이들 작품을 통해 백인준은 "어버이 수령님과 항일의 녀성영웅 김정숙동지의 불멸의 영상을 영화형상으로 옮기는 력사적위업의 첫 개척자"[26]라는 평가를 받았다.

백인준의 영화문학으로는 김일성의 항일혁명을 다룬 북한의 대표적인 다부작 영화 〈민족의 태양〉의 제1부 '준엄한 시련'(전·후편)를 비롯하여, 〈금희와 은희의 운명〉(1947), 〈영원한 전우〉(1, 2부), 〈푸른 소나무〉, 〈려명〉(전·후편) 등이 있다. 이들 작품은 수령형상화와 수령가계의 위대성, 남북문제를 통한 통일의 필요성을 주제로 한 작품이다. 백인준은 영화문학뿐만 아니라 예술영화 '마을사람들 속에서'의 주제가인 〈녀전사의 노래〉(1974), 예술영화 '성장의

---

26) 최성호, 「위대한 사랑속에 태여난 대문호: 작가 백인준선생에 대한 이야기」, 『조선예술』, 1999년 6호, 17쪽.

길에서'의 주제가인 〈조국과 더불어 영생하리라〉(1974), 예술영화 '친위전사'의 영화주제가인 〈떠나는 마음〉(1982), 〈장군님은 조선의 운명〉 등을 창작하였다. 제목이나 내용에서 한결같이 체제 찬양을 주제로 한 작품들이었다.

대중연설 중인 백인준

백인준의 작품을 통해 본
북한문학의 현장

돌이켜 보건대 나는 본래 풍자 전문가도 아니며 문학 수업에서 별로 풍자에 관심한 것도 아니다. 생활이 나를 풍자적시편들을 쓰게 하였다. 특히 조국 해방 전쟁의 불길 속에서 미제에 대한 참을 수 없는 증오와 저주를 느끼면서 나도 모르게 미제를 규탄하는 풍자-정론적 시를 쓰기 시작하였다.

— 백인준, 「후기」, 『벌거벗은 아메리카』, 조선작가동맹출판사, 1961.

백인준의 생애와 창작 활동

백인준은 1919년에 평안북도 운산군 산골마을에서 태어났다. 1938년에 평양고보 졸업한 다음 연희전문학교에 입학하였다. 연희전문 2년 때에 연희전문을 중퇴하고, 문학도의 꿈을 안고 일본으로 유학을 떠났다. 릿교대학에서 유학생활을 하던 중 학병으로 징집당하여 전쟁에 참가하게 된다. 참전하였던 백인준은 광복되면서 서울을 거쳐 1946년 고향으로 돌아갔다. 1946년 〈씨를 뿌리다〉를 써서 작가로서 등단하였고, 1947년 〈인민의 노래〉를 발표하면서 주목을 받았다.

북한 정권이 수립된 1949년에 소련으로 유학을 떠났다가 돌아왔다. '6·25전쟁' 중에는 종군기자로 활동하였다. 이후 김일성과 김정일의 관심 속에 주목받는 작가로서 북한 체제를 대표하는 예술행정가로서 활동하였다. 백인준은 1999년 1월 사망하기 전까지 50년의 창작 기간 동안 21편의 영화문학, 4편의 가극, 5편의 희곡, 4권의 시집을 남겼다.[27]

---

27) 「한생을 문학과 함께」, 『천리마』, 1999년 7호, 87쪽.

백인준과 풍자시

백인준의 문학 중에서 북한체제와 관련한 체제문학의 특성을 가장 잘 보여주는 것이 시(詩)이다. 백인준의 문학 활동은 시로 출발하였다. 백인주의 시가 처음부터 노골적으로 체제적인 성격을 가진 것은 아니었다. 사회주의 체제와 관련한 시를 쓰기는 하였지만 초기 시는 사회주의 계열의 다른 시인들과 큰 차이가 없었다.

하지만 이른바 '응향사건'을 계기로 백인준의 창작은 철저한 체제문학으로 매진한다. 백인준은 '응향사건'이 발생하자 '시집 『응향』을 평하는 글', 「문학 예술은 인민에게 복무하여야 한다」를 발표하면서 비판의 선봉에 섰다. 이후 백인준은 노골적이고 직접적인 생경한 언어로 현실 찬여적인 시를 창작하기 시작한다. 백인준은 '6·25전쟁'에 참전한 이후 더욱 노골적인 시를 쓰기 시작한다. 미국에 대한 비판과 풍자를 주제로 한 풍자시는 극한의 감성을 보여준다.

　　내 하느님을 믿은적이 없노라

　　주물조도 ≪신≫도 있다 하지 않느라

　　더더욱 ≪범신론자≫는 내 아니건만

꿇어엎드려 하늘땅에 ≪기도≫하고 싶어라

아, 내 가슴에 가득찬 이 노래는
어버이수령님게 드리는 감사!
이 세상을 펼쳐주신 그 은덕앞에
이 시대를 열어주신 그 사랑앞에…

위대한 수령 김일성동지!
그이 계시여 저 꽃이 폈고
그이 계시여 나뭇잎도 설레이여라
이 땅 저 하늘도 그이께서 주신것
— 백인준, <고마움> 부분.

백인준의 시 <고마움>의 일부이다. 체제에 대한 순응과
최고지도자에 대한 극한의 감사를 표현한 작품이다. 최고
지도자를 칭송한 송가 작품인 <고마움>은 최고지도자에
대한 신뢰와 존경의 차원을 넘어 신과 동일시하고 있음을
보여준다. '하느님'을 믿은 적도 없고, 조물주의 신을 믿은
적도 없지만 '어버이 수령'에 드리는 감사와 기도는 지도
자의 위상을 넘어 신에게 드리는 감사 그 자체이다. '이
땅 저 하늘도 그이께서 주신것'이라는 언급에서 백인준의

시문학이 갖는 체제 순응적이고, 송가의 전형적인 면모를 확인할 수 있다.

북한문학이 정치와 연관성을 더욱 강하게 갖게 된 것은 전쟁이었다. 전쟁은 극한의 적대 감정을 배출하는 계기를 자연스럽게 만들어 주었다. 한국전쟁을 계기로 백인준의 시는 직접적이고 날카로운 어휘를 동원한 풍자시로 전환한다. 북한에서 풍자시는 우리가 알고 있는 개념의 풍자시가 아니다. 사회에 대한 비판을 생경하고 공격적인 언어로 선동하는 어휘로 이루어진다. 더욱이 전쟁 시기에 쓰인 시였다. 전쟁 시기 증오로 쓰인 시가 온전하게 정서적이기를 바라는 것은 무리다. 전쟁이라는 극한의 상황 속에서 그려진 묘사는 잔인할 정도로 적대적이었다.

백인준의 풍자시 〈얼굴을 붉히라 아메리카여〉는 북한에서 높은 평가를 받았을 뿐만 아니라 백인준에게 '풍자시의 개척자'라는 명예를 안겨 준 작품이다. 시의 내용은 다음과 같다.

그러나 당신들은 아는가
오늘 아메리카 땅에서는
식인종이 나오고 있다
(…중략…)

달러로 빚어진 월가의 네거리에
넥타이를 맨 식인종
실크 햇을 쓴 사람 버러지
자동차에 올라앉은 인간 부스러기
성경을 든 도적놈
— 백인준, <얼굴을 붉히라 아메리카여> 부분.

이후 백인준의 시는 김일성과 김정일을 비롯한 수령일가에 대한 찬양과 미국에 대한 극단적인 분노의 감정을 표현한 작품으로 집중되었다. 1961년 조선작가동맹출판사에서 출판된 시집 『벌거벗은 아메리카』는 풍자시의 전면을 보여주는 시집이었다. 시집 『벌거벗은 아메리카』는 <저주의 노래>, <게걸든 아메리카>, <물러가라! 아메리카>, <결산하라! 아메리카>, <'하느님'과 아메리카>, <벌거벗은 아메리카>, <저주>, <거지떼>, <속지 말라, 남조선의 형제들이여!> 등의 풍자시 18편으로 이루어져 있다. 시집으로는 드물게 15,000부가 발행되었다.

백인준이 "내가 하고 싶은 소감의 일단을 말하였다"고 말한 「저주의 노래」는 『벌거벗은 아메리카』에 수록된 여러 시작품 중에서도 특별하다. 읽기조차 어려울 만큼 극단적인 어휘를 사용하여 미국에 대한 증오를 표현하였다.

내 차라리 제국주의의 배때기에

저주의 단도를 석 자나 박아

호박 속 우벼 내듯 와와 우변 낸다면,

또는 나의 이 증오의 주먹으로

양키들의 턱주가리를 답새워

단매에 차뭇개 쩌개듯 쩌개 버린다면

나의 이 만신의 증오 풀릴 수도 있으리.

그러나 나는

칼과 주먹으로써가 아니라

나의 시행들로써

놈들의 턱주가리를 쳐야 할 사람,

그렇다면 너무도 온순하고 부드럽구나

내가 알고 있는 모든 어휘들은.

— 백인준, <저주의 노래> 부분.

　백인준의 풍자시는 이처럼 극단적이고 경멸적인 언어를 동원하여 미국에 대한 극단적인 감정으로 일관하고 있다. 백인준의 1950년대 이후 시 작품은 김일성 가계에 대한 절대적인 지지와 칭송의 한 축과 미국에 대한 극단적인 비판과 경멸의 한 축으로 양분되면서 백인준 문학의 중심 주제를 형성하였다.

백인준의 송가시와 풍자시에서 보이듯이 백인준의 모든 창작 활동은 정치와 상호 연관성 속에서 이루어졌다. 백인준은 인민을 향한 정치적 교양과 문학예술 작품을 통한 설득과정의 유일사상체계화 과정에서 수령형상과 반제교양의 정치적 주제를 예술 창작으로 실천해 나간 본보기 작가였다. 이후 백인준의 시는 체제적인 시로 일관하였다.[28]

백인준 영화문학: 김일성 항일무장혁명투쟁기, 〈민족의 태양〉

〈민족의 태양〉은 백인준이 영화문학을 맡고, 엄길선이 연출하고 정익환이 촬영을 맡은 다부작 예술영화이다. 북한에서는 수령형상의 본보기 작품으로 평가받는 작품이다. 1934년 봄부터 반일인민유격대가 조선혁명군으로 개편되는 당시를 배경으로 김일성의 항일혁명투쟁을 내용으로 한다. '민생단 사건'[29]을 비롯하여, 혁명의 어려움을 극복하는 것부터 백두산지구비밀근거지를 창설하고 국내까지

---

28) 김재용, 「북한 문학계의 '반종파 투쟁'과 카프 및 항일 혁명 문학」, 『역사비평』, 1992년 봄, 128쪽 참조.
29) 1930년대 간도 지역에서 수많은 조선인 항일운동가들이 민생단과 관련한 일본 첩자라는 혐의를 쓰고 중국 공산당에 의해 체포, 살해된 사건이다.

항일혁명을 확대 발전시키는 과정을 보여준다. 북한에서
김일성의 혁명문학의 핵심 시기를 그린 영화이다.

여기에 설화가 울린다.

"1934년에 이르러 반일인민유격대는 조선인민군혁명군으
로 개편되게 되었다.

그리하여 조선인민군은 사단과 련대로부터 분대에 이르기
까지 정연한 편제를 가진 군대로 되었으며 강철의 령장 김일
성동지께서는 조선인민혁명군 사령관으로서 모든 유격부대
들을 통일적지휘하에 두게 되었다.

조선인민의 항일무장투쟁력사에서 새로운 시기가 도래하
였다."

— 백인준, <민족의 태양>(전편), 『백인준영화문학작품선 2 푸른소나
무』, 문학예술출판사, 2008, 178~179쪽.

<민족의 태양>에서는 김일성의 조선인민혁명군을 모든
유격부대를 총괄하는 항일무장투쟁의 총본산으로 규정하
였다. 영화의 시작과 함께 울리는 '설화'를 통해 조선인민
혁명군 창설의 당위성과 혁명투쟁의 진로를 규정하면서
김일성의 항일혁명투쟁의 정통성과 역사성이 자연스럽게
강조되고 있다. 이후 김일성이 '반민생단' 투쟁을 통하여

좌우의 편향을 극복하고 혁명투쟁의 진로를 규정함으로써 조국해방을 이끈다는 내용으로 전개된다. 〈민족의 태양〉의 주제와 내용은 김일성이 이끌었던 조선혁명군의 유일성과 정당성을 뒷받침하는 것이다. 영화라는 형식으로 만들어진 인민을 위한 명확하고 직관적인 자료에 다름 아니었다.

백인준 영화문학: 남북으로 엇갈린 자매의 운명, 〈금희와 은희의 운명〉

〈금희와 은희의 운명〉은 1974년 조선2·8예술영화촬영소에서 촬영한 100분짜리 작품으로 백인준 극본에 박학·엄길선이 연출하고 정춘란이 금희, 은희 쌍둥이 자매역을 맡았다. 시골 국민학교 교원을 하면서 음악공부를 하던 박몽규는 아이들에게 노래를 가르쳤다. 그가 가르쳐준 노래에서 '백두산의 큰별님'이라는 구절이 문제가 되어 교원에서 쫓겨났다. 음악을 계속하고 싶었던 박몽규는 평양행을 택한다. 하지만 평양까지 가지 못한다. 평양으로 가던 도중 박몽규는 쌍둥이 자매를 남기고 숨을 거둔다. 아버지의 죽음으로 쌍둥이 자매는 남북으로 갈려 다른 사람의 손에서 자라게 된다. 엇갈리기 시작한 금희와 은희의 운명은 야속할 만큼 대조적이었다.

북한에서 미술가 부모 밑에서 훌륭하게 자라게 된 언니 금희와 술집에 팔려 노래하다 부랑자로 전락하여 비참한 생활을 면하지 못하는 은희의 삶이 대비된다. 광복과 함께 남북으로 갈라져 살게 된 쌍둥이 자매 금희와 은희의 운명이 극단적으로 대조되면서 북쪽 인민의 삶이 얼마나 행복한지를 보여준다.

은희야, 너의 언니 금희는 저렇게 행복을 노래하고있는데 한날한시에 한어머니품속에서 태여난 너는 지금 어디서 홀로 울며 헤매고 있느냐?

내가 그대 포대기속의 너를 품에 안고 섬으로 갔던것이 잘못되였단 말이냐. 아니면 네가 그렇게도 아름다운 목소리를 가지고 태여난것이 죄였단 말이냐?

— 백인준, <금희와 은희의 운명>, 『백인준영화문학작품선 2 푸른소나무』, 문학예술출판사, 2008, 360쪽.

금희 ≪어머니! 그 불쌍한 은희! 나와 한날한시에 낳은 나의 동생, 내 몸의 절반인 은희도 어버이수령님의 품에 안겨서 나와 같이 이 행복을 누리게 해야 할게 아니예요. 예, 어머니!

어머니…≫

　선녀 ≪오냐! 우리모두 남녘땅을 한시도 잊지 말자.≫

　— 백인준, <금희와 은희의 운명>, 『백인준영화문학작품선 2 푸른소나무』, 문학예술출판사, 2008, 360쪽.

백인준 영화문학: 소련군과 북한군의 우정, <영원한 전우>

<영원한 전우>(1, 2부)는 조선예술영화촬영소 보천보창작단과 모스필림영화촬영소 제2창작단이 공동으로 창작한 조소 합작영화이다. 백인준과 알렉싼드르 보르쟌쓰끼가 영화문학을 맡았고, 북한을 대표하는 영화연출가인 엄길선과 엘도르 우라즈바예브가 연출을 맡았다.

　소련군인인 노비첸꼬와 리창혁의 우정을 통하여 북한과 소련의 혈맹관계를 주제로 한다. 1940년대 초 소련군인 노비첸꼬는 소만국경 일대에서 일본군으로부터 소련군을 옹호하던 조선인민혁명군 대원인 리창혁을 만난다. 리창혁을 비롯한 조선인민군 대원들이 조국과 인민에 대한 깊은 사랑에 감동을 받는다. 광복이 되자 리창혁을 찾아가 우정을 나누면서 식민지 조선의 비참한 현실을 느낀 노비첸꼬는 조선의 재건을 위해 몸과 마음을 바쳐 돕는다.

그러던 중 3·1운동 27주년을 경축하는 평양시 군중대회장에서는 주석단으로 던져진 수류탄을 몸으로 막고는 전사한다. 김일성의 배려로 노비첸꼬는 북소 혈맹의 상징으로 기억된다는 내용이다.

백인준 영화문학: 김형직의 일대기를 그린 영화, <푸른소나무>

<푸른소나무>는 1910년대 평양 숭실중학교를 배경으로 김일성의 아버지 김형직의 일대기를 그린 영화이다. 김형직이 일신학교에서 30명의 청년과 독립운동가들에게 대중연설을 한다. 이 대중연설을 통해 조선의 광복과 투쟁 방향이 제시된다. 북한이 의도한 주제가 드러나는 장문이다. 이 부문의 영화문은 다음과 같이 묘사하였다.

　　김형직 ≪지금까지 말한것을 종합하면 다음과 같습니다.
　　첫째, 일본놈은 절대로 한두해안에 망하지 않는다. 오히려 당분간은 더욱 강력해지며 승승장구할 것이다.
　　둘째, 그렇다고 조선독립을 딴 나라에 의탁할수는 없다. 의탁할데도 없고 도 해도 안되며 의탁받아줄 나라도 없다. ……
　　셋째, 그러면 우리 조선자체에 힘이 있느냐? 당장은 없다!

의병투쟁을 비롯해서 지난날의 조상들에게서 물려받을 힘도 별로 없고 그렇다고 지금 독립운동에 나선 선각자요, 선배요 하는 사람들에게서 받아안을것도 별로없다.

넷째, 그러면 누가 무슨 힘으로서 독립을 하느냐? 우리가 해야 한다! 다른 누구도 아닌 바로 우리 조선사람 자체의 힘으로서 해야 한다. ……

다섯째, 그러면 가능하냐? 가능하다! 당장의 힘은 없지만 찾고 기르면 능히 왜놈을 쳐부수고 독립할 힘의 원천이 있다. 우리는 제힘을 믿어야 한다.

여섯째, 힘은 어디에 있느냐? 단결에 있다! 단결은 곧 조직이다! 뜻을 같이하는 동지들로써 조직을 내와야 한다.

일곱째, 그러면 어떤 뜻을 가져야 하는가? 꺾이지 않는 뜻을 가져야 한다. 즉 뜻을 크고 원대하게 가지는것이다.≫

— 백인준, <푸른 소나무>, 『백인준영화문학작품선 2 푸른소나무』, 문학예술출판사, 2008, 37쪽.

김형직의 연설은 일본이 단기간에 망하지 않고 강력해질 것이기 때문에 조선인들은 스스로 자신의 힘을 믿고 단결하여 조직적으로 싸워야 한다는 내용이다. 김형직의 연설은 김일성의 항일혁명 투쟁 방침과 정확히 일치한다. 이것은 사실이기보다는 김일성의 항일혁명 정신이 김형직으로부터 영향을 받았다는 것을 상징적으로 보여주는 장면이다. 김일성의 항일혁명 역사가 한 순간에 이루어진 것이 아니며, 김일성 일가의 혁명적 전통 속에 이루어졌다는 것을 강조한 것이다. 수령일가의 혁명성을 강조하는 백두산 줄기, 만경대 혈통의 정통성 문제를 정면으로 제시한 것이다.

김형직은 연설에서는 조선혁명의 방향과 방침을 정확히 제시하였지만 조선인민을 이끌 지도자가 누가 될 것인가에 대한 언급이 없었다. 지도자의 필요성에 대해서는 언급하였지만 지도자가 없다는 것, 그래서 지도자를 기다려야 한다는 것을 말한 것이다. 지도자로서 김일성이 등장하기에 앞서 김형직이 미래를 내다보고 예측하고 준비하였다는 것을 보여주기에 충분하다. 김일성을 준비된 지도자, 혁명가문의 혈통을 이어받은 지도자라는 것을 보여주기에 위한 체제영화의 전형성을 보여준 영화이다.

백인준 영화문학: 김형직의 이야기 둘, <려명>

<려명>(전·후편)은 백인준이 영화문학을 맡고 리재준이 연출한 김형직의 혁명투쟁을 다룬 영화이다. 중국 동북지방

으로 배경으로 김형직이 조국광복을 위해서는 자력으로 독립을 이룩해야 한다고 결심하고 압록강 연안으로 가서 '조선국민회' 조직을 확대해 나가다 사망하기까지의 과정을 주요 내용으로 한다.

영화의 내용상 〈푸른소나무〉 후속편에 해당한다. 김형직의 굽히지 않은 활동이 있었기에 조선 독립이 이어질 수 있었고, '반일민족해방운동'이 앙양될 수 있었다는 것을 강조한다. 이로써 김일성의 항일혁명 투쟁이 김형직의 활동에 영향을 받았고, 독립운동에 대한 뿌리가 있었기에 꽃을 피울 수 있었음을 분명히 하였다. 백인준은 체제가 원하는 영화문학으로 '백두산 3대 장군의 위대성과 불멸의 업적을 칭송하고 빛내기 위한데 기본을 두고 있다'[30] 는 평가를 받았고, 수령형상화의 본보기 작가로서 위치를 자리매김하게 되었다.

백인준 영화문학: 〈최학신의 일가〉와 종교문제

백인준의 영화문학 〈최학신의 일가〉는 평양에 살고 있으

---

30) 최성호, 「위대한 사랑속에 태여난 대문호: 작가 백인준선생에 대한 이야기」, 『조선예술』, 1999년 6호, 17쪽.

며, 목회활동을 동네 사람들의 신뢰와 주목을 받던 목사 최학신 일간의 파멸을 그린 영화이다. 백인준은 수령형상과 관련한 영화문학을 창작한 수령형상화를 주도하였다. 두말할 필요도 없이 백인준의 활동은 김일성과 김정일의 절대적 신임을 바탕으로 이루어졌다. 백인준의 영화문학 〈최학신의 일가〉는 백인준에 대한 김일성과 김정일의 신임을 보여준 작품이다.

〈최학신의 일가〉의 줄거리는 다음과 같다.

주민들로부터 신임이 두터운 목사 최학신은 후퇴하자는 권유를 마다하고 미국의 자유주의 이념과 종교에 대한 신념을 믿고 평양에 남는다. 가족과 함께 남아있던 최학신은 뜻밖에 두 사람을 만난다. 한 사람은 최학신의 맞아들 성근이었다.

서울로 미술 공부하러 간 다음 소식이 끊어졌던 최학신의 아들 성근은 국군 대위가 되어 고향으로 돌아온 것이었다. 다른 한 사람은 미국인 리차드 목사였다. 리차드 목사는 해방전 평양에서 선교활동으로 하다 미국으로 돌아간 최학신의 오랜 친구이자 동생이나 다름없는 인물이었다.

최학신은 리차드 목사를 통해 미국이 선진국이며, 민주주의 제도가 발달된 지상낙원으로 생각하였지만 리차드의 생각은 달랐다. 미 정보국 요원인 리차드는 주민들의 존경을 받고 있는 최학신을 이용하여 공산주의자들을 회유하려 하였다. 최학신은 리차드 목사의 말을 듣고 주민들을 설득해보지만 주민들은 최학신의 말을 듣지 않는다.

또한 미군들은 공산주의자를 잡는다면서 주민들을 잡아들이고, 미군 장교인 '킹그스터'는 최학신의 딸 성희를 욕보이려다 실패하자 죽여 바다에 버린다. 국군 장교가 된 성근은 어릴적 자신을 돌보아 주었던 종지기 노인을 처형하라는 명령을 듣고는 고민하다 결국 리차드를 죽이고 죽음을 맞는다. 집안이 풍비박산난 최학신은 공산당 지하조직 책임자를 찾아가 "악마같은 미국놈들을 소멸해 달라"고 울부짖는다.

〈최학신의 일가〉는 미국의 자유주의 이념과 종교에 대한 가치를 믿는 목사 최학신이 가족과 함께 평양에 남아 있다가 집안이 풍비박산나면서 미군의 실체를 알게 된다는 반미를 주제로 한 작품이다. 백인준의 영화문학 〈최학신의 일가〉는 처음부터 영화창작을 목적으로 만들어진 것은 아니었다.

〈최학신의 일가〉는 먼저 희곡으로 만들어져서 무대에 올랐었다. 하지만 백인준의 희곡 〈최학신의 일가〉에 대한 문화계의 평가는 부정적이었다. 〈최학신의 일가〉는 미국에 대한 비판과 기독교에 대하 비판적인 주제를 삼았음에도 불구하고 북한 문학계로부터 종교인을 대상으로 한 영화라는 점과 계급성이 약하다는 비판을 받았다.[31] 문화계로부터 부정적인 평가를 받고, 백인준은 '반동작가'로 낙인찍혔다. 이러한 낙인으로부터 벗어나게 한 것은 김일성과 김정일이었다. 김정일은 직접 나서서 〈최학신의 일가〉를 변호하면서 영화로 만들 것을 지시하였다. 그렇게 〈최학신의 일가〉는 김정일의 재평가 속에 영화로 만들어 졌다.

위대한 장군님께서는 그가 연극 〈최학신의 일가〉를 쓴후 일부 나쁜놈들에 의해 10년동안이나 ≪반동작가≫ 취급을 당해온 가슴아픈 사연을 몸소 헤아려주시고 작품과 함께 그의 정치적 생명을 구원해주기 위한 대책을 세워주시였다. 그이께서는 학교교육에서가지 반동작품으로 취급되여온 작품을 영화로 옮길 대담한 작전을 세우시고 영화문학창작을 그에게 맡겨주시였으며 문학단계로부터 완성에 이르기까지 구체적으로 지도해주시였다.

— 최성호, 「위대한 사랑속에 태여난 대문호: 작가 백인준선생에 대한 이야기」, 『조선문학』, 1999년 6호, 20쪽.

---

31) 목원대학교 국어교육과 엮음, 「북한의 '위대한 작가'들에 대한 이야기」, 『북한문학의 이해』, 국학자료원, 2006 참조.

김정일은 1966년 12월 27일 문학예술부문 일군 및 창작가들과 한 담화, 「예술영화 ≪최학신의 일가≫를 반미교양에 이바지하는 명작으로 완성할데 대하여」를 통하여 〈최학신의 일가〉에 대해 제기되었던 문제에 대해 적극 해명하였다. 특정한 작품에 대하여 김정일이 직접 현지지도하였다는 의미는 매우 컸다. 이 교시에서 김정일은 〈최학신의 일가〉에서는 종교가 어떻게 없어졌는지를 보여주는 내용으로 할 것을 지시하였다.

수령님께서는 이 영화를 통하여 우리 나라에서 종교가 어떻게 없어졌고 종교인들이 어떻게 개조되였는가 하는것을 잘 보여주어야 한다고 하시면서 영화가 강동군의 목사에 대한 이야기를 담았는가 대동군의 목사에 대한 이야기를 담았는가 하는것은 관계없이 목사가 미국놈을 반대하는것으로 하면 된다고 교시하시였습니다.

— 김정일, 「예술영화 ≪최학신의 일가≫를 반미교양에 이바지하는 명작으로 완성할데 대하여: 문학예술부문 일군 및 창작가들과 한 담화, 1966년 12월 27일」, 『김정일선집 (1)』, 조선로동당출판사, 1992, 181쪽.

북한에서 종교문제는 사회주의 계급 교양 과정에서 풀

어야 할 중요한 과제의 하나였다. 사회주의에서 종교는 '비과학적인 세계관'이며, 아편으로 인식한다. 북한 정권 초기, 종교에 대한 시각도 다르지 않았다. 김일성은 종교를 '반동적이고 비과학적인 세계관'이며, 아편과 같다고 비판하였다.

> 종교는 반동적이며 비과학적인 세계관입니다. 사람들이 종교를 믿으면 계급의식이 마비되고 혁명하려는 의욕이 없어지게 됩니다. 결국 종교는 아편과 같은 것이라고 말할 수 있습니다.
>
> ─ 김일성, 「문화선전사업을 강화하며 대외무역을 발전시킬데 대하여: 조선민주주의인민공화국 내각 제21차전원회의에서 한 결론, 1949년 7월 18일」, 『김일성 저작집 5』, 조선로동당출판사, 1980, 154쪽.

김일성은 종교문제를 해결하기 위하여 교육과 교양 사업의 중요성을 제기하였다. 김일성은 1949년 7월 내각 제21차전원회의를 통하여 과학기술 서적의 보급과 영화, 연극 등의 문예활동을 강화하여, 종교문제를 해결할 것을 지시하였다.

지난날 일제통치시대에 적지 않은 조선사람들이 종교리상

주의적경향을 가지고있었습니다. 일제가 패망하고 우리 민족이 해방된지 몇해가 지났으나 아직도 일부 농민들과 청소년들이 례배당에 다니고있습니다. 지금 어린 학생들은 례배당에 가면 연필 같은 것도 주고 또 풍금도 치기때문에 거기에 흥미를 가지고 가지만 일부 농민들과 청년들은 무식한데로부터 종교에 기만당하여 례배당에 다닙니다.

물론 국가에서는 종교를 믿는 것을 반대하지 않으며 신앙의 자유를 법적으로 보장하고있습니다. 그러나 종교를 믿는 것을 수수방관할 수는 없습니다. 그렇다고 하여 종교를 믿지 말라고 강압적으로 요구하여서는 안됩니다. 사람들로 하여금 종교의 비과학성을 깨닫고 스스로 례배당에 가지 않도록 하여야 합니다. 그러기 위하여서는 종교의 해독성과 허위성을 폭로하는 것과 함께 세계는 어떻게 발생발전하였는가, 인간은 어떻게 생겨났는가 하는 것과 같은 문제를 가지고 담화와 강연을 자주 조직하며 자연과 사회발전의 법칙을 통속적으로 해설한 도서를 많이 출판하여 근로자들속에 널리 보급하여야 합니다. 문화선전성에서는 과학서적을 많이 출판하여 보급하기 위한 대책을 철저히 세워야 하겠습니다.

교육성에서는 과외시간에 학생들이 영화와 연극을 많이 관람하게 하며 과학연구소조를 조직하고 거기에 학생들이 망라되여 과학지식을 배우도록 하여야 합니다. 이렇게 하면 학생들이 례배당에 가는 현상이 없어질 것입니다.

　— 김일성, 「문화선전사업을 강화하며 대외무역을 발전시킬데 대하여:

　　조선민주주의인민공화국 내각 제21차전원회의에서 한 결론, 1949년

　　7월 18일」, 『김일성 저작집 5』, 조선로동당출판사, 1980, 154쪽.

김일성은 '일부 농민과 청소년들이 예배당에 나가는 것은 무식해서 그런 것'이라고 하면서 교양을 통해 '종교의 비과학성을 깨닫고 스스로 가지 않도록 할 것'을 지시하였다. 학생들을 대상으로 한 과학서적을 많이 출판하여 보급하고, 과외시간에 학생들로 하여금 영화와 연극을 관람하게 하여 과학지식을 배우게 하면, 학생들이 예배당에 가는 현상이 없어질 것이라는 강조하였다.

영화 〈최학신의 일가〉에서는 김정일의 현지지도 지침이 그대로 반영되었다. 영화에서는 김정일의 언급대로 '미군의 폭격에 의해 예배당이 부서지고', '미제의 살인만행에 의하여 많은 신자들이 희생'되고, '살아남은 신자들도 각성하여 예수를 믿지 않'게 되었다는 내용이 들어 있다. 이에 대해서 김정일은 북한에서 종교적인 문제가 완전히 해결되었다고 선언하였다.

우리 나라에서 종교문제는 조국해방전쟁시기에 해결되었

습니다. 기독교에 대하여 말한다면 그것은 우리 나라에 19세기 후반기에 미국선교사들에 의하여 급속히 전파되였습니다. 전쟁전에 그 신자가 북반부에도 많이 있었는데 전쟁시기 미제침략자들의 야수적폭격으로 례배당이 다 마사지고 미제의 살인만행에 의하여 많은 신자들이 희생되였으며 살아남은 신자들도 대동군의 그 목사처럼 각성되여 예수를 믿지 않게 되였습니다.

— 김정일, 「예술영화 ≪최학신의 일가≫를 반미교양에 이바지하는 명작으로 완성할데 대하여: 문학예술부문 일군 및 창작가들과 한 담화, 1966년 12월 27일」, 『김정일선집 (1)』, 조선로동당출판사, 1992, 181쪽.

김정일은 북한에서 '신앙의 자유가 법적으로 완전히 보장되어 있'다고 하면서 이 문제는 종교 자체의 문제가 아닌 반미의 주제라는 점을 분명히 해 주었다.

문학을 통한 집단적 기억의
재구성, 총서 '불멸의 력사'

우리 문학예술은 경애하는 수령님의 위대성을 형상하는데서 이미 커다란 성과를 거두었습니다. 창작가, 예술인들은 지난날 총서 ≪불멸의 력사≫에 수록된 혁명소설들과 혁명영화 ≪조선의 별≫, 음악무용서사시 ≪영광의 노래≫, 삼지연대기념비를 비롯하여 수령님의 위대성을 형상한 여러가지 문학예술작품을 수많이 창작하여 근로자들과 청소년들 속에 수령님의 위대성을 깊이 인식시키고 그들을 혁명적세계관으로 튼튼히 무장시키는데 크게 이바지하였습니다.

— 김정일, 「혁명적문학예술작품창작에서 새로운 앙양을 일으키자: 문학예술부문 일군
   들과 한 담화, 1986년 5월 17일」, 『김정일선집 (8)』, 조선로동당출판사, 1998, 369쪽.

'총서' 형식의 기원, '불멸의 력사'

'불멸의 력사'는 김일성의 '항일혁명투쟁'을 주제로 한 일련의 연작 소설 시리즈물로 북한문학의 이른바 '총서' 형식의 기원이 된 작품이다. '불멸의 력사' 총서는 장편소설 연작이라는 형식을 담고 있지만, 방대한 분량에 국가 기획에 의해 만들어진 소설로 쓰인 역사이다. '불멸의 력사'는 항일혁명투쟁시기부터 해방이후까지 북한이 주장하는 역사적 사실을 소재로 하고 있다는 점에서 일반 문학 작품과는 차원을 달리한다. 총서 '불멸의 력사'는 수령형상 문학의 본보기적인 작품이자 북한의 역사를 재현한 방대한 서사기록물이다.

　　총서는 북한이 내세우는 주체문예이론의 정수에 해당한다. 남한의 명명으로 보자면 역사소설에 해당하겠지만, 북한문학에서는 '수령'의 과거사를 문학적 허구로 재조명하려는 기획 의도가 깔려있다. 그리하여 총서는 항일혁명투쟁의 험로를 헤쳐온 '수령의 신화'를 재창조·재형상화함으로써 인민을 계도하려는 체제 유지 문학에 해당하게 된다.
　　— 오태호, 「총서와 작가적 개성과의 거리: 최학수론」, 『'총서 불멸의
　　　역사'와 북한문학의 전망』(2008년 상반기 상허학회 전국학술대회

자료집, 2008.6.14), 69쪽.

총서 '불멸의 력사'는 혁명역사 대중화 전략으로 기획
된 시리즈물이다. 총서 '불멸의 력사' 저술에 참여한 작가
들은 권정웅, 천세봉, 석윤기, 최학수, 김병훈, 김정, 남대
현 등 4·15문학창작단 작가들을 주축으로 한 당대 최고의
작가들이었다.

총서 '불멸의 력사' 는 1972년 권정웅의 〈1932년〉을 시
작으로 2007년 김삼복의 〈청산벌〉에 이르기까지 2007년
현재 33권이 출판되었다. '불멸의 력사' 총서는 해방을 기
점으로 '항일혁명투쟁시기편'과 '해방후편'으로 나누어진
다. '항일혁명투쟁시기편'은 권정웅의 〈1932년〉(1972)로부
터 허춘식의 〈천지〉(2000)까지 17편이며, '해방후편'은 군
정웅의 〈빛나는 아침〉(1988)으로부터 김삼복의 〈청산벌〉
까지 16편이다. 총서의 전편에 해당하는 '항일혁명투쟁시
기편'은 김일성의 항일혁명 투쟁을 중심으로 혁명에 함께
했던 차광수, 김혁, 권영벽, 오중흡 등의 빨치산 인물의 이
야기를 주요 내용으로 한다. '해방후편'은 해방과 함께 김
일성의 개선과 당 창건사업, 토지개혁 등의 혁명사적을 주
요 내용으로 한다.

'불멸의 력사'의 문학적 위상

'불멸의 력사'의 문학적 위상은 여타의 북한 소설과는 판이하게 다르다. 원고지 분량만 해도 10만 장이 넘는 작품으로, 실제 역사적 인물이 대부분을 차지하는 수 천 명의 인물이 등장한다. 총서 '불멸의 역사' 33권에는 "만주지역에서 실재로 활동했던 30여 개의 독립단체와 학생회, 200여 개의 국내외의 역사적 사건이 다루어지며, 또한 권당 80명에서 최고 200명에 이르는 실존 인물들이 등장"하여 "유기적으로 연결된 하나의 거대한 서사를 엮어내고 있다. '불멸의 력사' 총서는 김일성을 중심으로 한 문학창작물이자 역사적 사실을 공식화한 텍스트이자, 북한의 정치, 역사, 이념, 문학예술 등의 정책과 제반 지침을 망라한 자료의 직접물"이라고 할 수 있다.[32]

'불멸의 력사' 총서를 통해 추출된 인물은 모두 3,363명으로 중복된 인물을 제외하여도 2,800여 명에 달한다. 이 가운데 실존인물만 1,000여 명에 달한다. 작품에 등장하거나 실존인물은 조선, 중국, 일본은 물론 유럽의 문학가, 사상가, 경제학자, 정치인들까지 포함한다.[33]

---

32) 강진호, 「'총서'라는 거대서사 혹은 허위의식」, 『'총서 불멸의 역사'와 북한문학의 전망』(2008년 상반기 상허학회 전국학술대회 자료집, 2008.6.14), 4~5쪽.

소설이라는 형식을 빌렸지만 '력사'성을 강조한 '불멸의 력사'라는 총서의 제목만큼 사실적인 역사기록을 토대로 한다는 점에서 '불멸의 력사' 총서에 대한 북한의 평가는 문학의 정점을 넘어 북한 사회의 뿌리와 역사를 이야기로 서술한 경전에 가까운 기록물의 성격이 강하다. '불멸의 력사' 총서는 단순한 사상교양, 계급교양의 문제를 넘어 정정화 된 문학, 공식적 문학으로 혁명역사의 소설을 통한 재구성이라는 의미가 있다. 이처럼 '불멸의 력사' 총서는 특별한 의미를 가진 문학, 문학을 넘어 최대한 역사적 사실에 접근한 기록에 준하는 문학으로 평가한다.

송가문학의 전형 '불멸의 력사'

주제적인 면에서 '불멸의 력사'는 서사적 송가문학적 특성을 보인다. 북한에서 송가란 사전적 의미로 '역사적 인물이나 사건, 나서 자란 조국 등을 찬양하며 칭송하여 부르는 노래'를 말한다. '불멸의 력사'는 주요 인물이나 사건, 조국에 대한 찬양을 담고 있다는 점에서 북한에서 규정한

---

33) 김은정, 「총서와 인물유형」, 『'총서 불멸의 역사'와 북한문학의 전망』(2008년 상반기 상허학회 전국학술대회 자료집, 2008.6.14), 47쪽.

송가의 특성에 부합한다. 다만 송가가 노래라면 '불멸의 력사'는 소설이라는 형식적인 면에서 차이가 난다. 따라서 일반적 의미의 '송가'가 아니라 '서사로 이루어진 송가문학'으로 규정할 수 있다.

기록문학의 원형으로서 '불멸의 력사'

내용 면에서 '불멸의 력사'는 기록문학의 특성을 보인다. '불멸의 력사'가 역사를 소설로 옮겼다는 점에서 역사소설이나 실화소설로 간주할 수 있다. 그러나 역사소설이라고 하기에는 역사적 토대가 너무나 굳건하며, 사실성이 강조되어 있다. 즉 총서 '불멸의 력사'를 역사소설로 규정하기 어려운 것은 현실정치와의 밀접한 관련되어 있으며, 역사적 사건에 대한 기록적 성격이 강하다.

'불멸의 력사'는 문학의 영역에 역사가 포함되었고, 근현대에서도 문학과 역사는 밀접한 연관을 맺고 있다. 역사를 문학의 창작소재로 하였다기보다는 역사를 문학의 형식으로 기록하려는 의도가 반영된 기록물에 가깝다. 이런 점에서 '불멸의 력사' 총서는 역사와 소설의 경계에 있다. 역사소설은 역사와 소설이 각각 지니고 있는 사실과 허구,

재현과 상상이라는 두 가지를 적절하게 사용한다. 남한의 역사소설은 역사를 소재 차원으로 활용하는 반면 북한의 역사소설은 창작보다는 역사에 무게를 둔다.

역사소설은 과거 사실에 대한 문학적 허구의 결합으로 현재의 관점이 투영된 통시적이면서도 공시적인 문학 범주이다. 여기에서 역사소설의 시간적 범주는 현재로부터 한두 세대 전까지의 과거이며 역사적 사건이나 인물은 당대 사회의 가장 본질적이고 전형적인 사건이나 인물로 등장인물에게 영향을 끼치는 운명적인 것이라야 한다. 역사적 사건이나 인물이 배경에만 머무는 것이 아니라 작품의 주제와 역사의식 형성에 중요한 역할을 하여야 한다. 그렇지 않을 경우 전기물이나 통속물에 머물게 된다. 역사와 소설이 다른 점은 역사는 있는 그대로의 기록이지만 소설은 주제와 주의를 갖고 있다.
— 임옥규, 『북한 역사소설의 재인식』, 역락, 2008, 41쪽.

북한의 역사소설에서 작가는 국가의 기획과 의도에 맞추어 역사의 기록으로는 채울 수 없는 역사적 공간을 디테일한 묘사를 통해 속속히 채워가면서 이야기로서 생생하게 재현하는 전달자에 가깝다. 즉 '불멸의 력사'는 역사적 사실을 토대로 역사의 공간을 문학적 상상력으로 채워

나간 역사 이야기이며, 작가는 새로운 창작자이기보다는 소설로 역사를 이야기하는 세련된 이야기꾼일 뿐이다.

'불멸의 력사'는 역사적 사실에 대한 과도한 의지 때문에 문학적 상상력이 개입할 수 있는 여지는 그리 넓지 않다. 역사적 사실을 중심에 두고 있으며, 문학적 상상이나 허구보다는 역사적 사실성이 강조된다. 이런 점에서 "≪불멸의 역사≫는 서구전인 의미에서의 소설이라고는 말할 수 없을 것이다. 그렇기 때문에 ≪불멸의 역사≫를 '소설'의 관점에서 읽는 것은 대단히 무리한 일"이라는 평가는 정당성을 얻는다.[34]

정치교양물로 '불멸의 력사'

'불멸의 력사' 총서는 현실정치와 밀접하게 관련되어 있다. '불멸의 력사'에서 다루는 역사의 범위는 진행형이다. 가장 최근에 나온 '불멸의 력사' 총서 작품은 2007년에 나온 김삼복의 〈청산벌〉이다. '공식적인 역사'는 아니지만

---

34) 채호석, 「≪불멸의 역사≫ 『혈로』의 주제화 방식 연구」, 『'총서 불멸의 역사'와 북한문학의 전망』(2008년 상반기 상허학회 전국학술대회 자료집, 2008.6.14), 32쪽 참조.

항일혁명투쟁으로부터 시작된 북한의 역사적 정통성을 뒷받침하는 공적 기억의 보고이자 국가 이야기의 원천이다. 북한문학예술에서 소재로 하거나 예술적 창조의 근원으로 삼는 모든 이야기가 들어 있다. 이런 점에서 '불멸의 력사'는 소설로 쓰인 북한체제의 역사, 북한 주민이면 모두가 공유하고, 읽어야 할 북한체제의 문화정전(正典)에 해당한다.35)

총서 '불멸의 력사'의 위상은 북한 문학계의 평가를 통해서도 확인된다. 북한문학계에서는 '불멸의 력사' 총서를 주체문학의 '가장 대표적인 성과', 북한문학이 지향해야 할 수령형상문학의 완성판이자 본보기적인 작품으로 평가한다. 총서 '불멸의 력사'에 대한 평가는 북한의 『문예사전』을 통해서도 확인된다. 36)

---

35) 강진호, 「'총서'라는 거대서사 혹은 허위의식」, 『총서 『불멸의 역사』와 북한문학』, 깊은샘, 2008, 16쪽.

36) 북한 『문예사전』에서는 "총서 ≪불멸의 력사≫의 창작은 위대한 수령 김일성동지의 형상창조문제가 우리 문학에서 가장 높은 사상예술적 경지에서 해결되고 로동계급의 수령 형상창조문제에서 참다운 본보기가 마련되였다는것을 알리는 일대 사변"이라고 평가 한다.

전자도서로 제작된 '불멸의 향도'총서 시리즈 <력사의 대하>

북한문학의 일상적 소재, 전쟁

　　이놈아, 이 용접봉 하나하나에도 전쟁때 흘린 전우들의 피가, 유언도 남기지 못하고 가버린 그들의 피가 스며있어! 우리가 쓰는것 어느 하나라도 하늘에서 떨어진게 있니? 누가 공짜로 준 것이 있니? 우리모두가 피땀 흘려 만든것이구 허리띠를 졸라매구 얻어낸것이야. 아이들에게 먹을것도 제대로 못먹이구 입힐 것도 제대로 못입히면서! 그렇게 마련한 나라재산이 너의 이름이나 내는 밑천인줄 아느냐? 제 이름을 내려구 나라재산 아까운줄 모르구! 이름만 내면 나라재산은 없어져도 좋다는거냐? 이 용접봉 한 대에도, 꽁다리 하나에도 숱한 어머니들의 고통이, 아버지들의 슬픔이, 아이들의 배고픔이, 전우들의 피가 스며있단 말이다. 그런데 네가… 네가 그렇게 일해? 이 땅이 어떤 땅이구 이 모든것이 어떻게 얻어진것인지 알고있는 네가… 아, 분하구나. ……

　　수염많은 아저씨, 수척한 얼굴로 하여 별로 수염이 많아보이던 사람, 그 사람이 나이였으면 아버지도 세상에 없을 것이며 영순이도 세상에 없을것이다. 그것은 진실이상의 진실이었다. 영웅들, 력사책이나 소설책을 통해서 알고있는 사람들, 그들이야말로 거인들이었다. 그 거인들의 손으로 오늘의 공장이 일떠선것이였다.

　―한웅빈, 「딸의 고민」, 『우리세대』, 문학예술출판사, 2006, 150~151쪽.

일상으로 호명(呼名)하는 전쟁

앞의 인용문은 '북한의 체호프'로 불리는 작가 한웅빈의 단편소설 「딸의 고민」에 나오는 한 대목이다. 생산현장에서 작은 물건 하나하나에도 그것을 지키고자 했던 인민들의 피와 땀이 새겨 있다는 것을 포착한 소설이다.

전쟁은 북한 문학예술의 가장 일반적인 소재의 하나이다. 전쟁을 소재로 한 문학 작품은 물론, 일상적인 이야기를 소재로 한 작품에서도 혁명선배, 명예군인들의 이야기가 빠짐없이 등장한다. 문학예술에서 전쟁은 언제나 현재 진행 중인 문제이며, 일상생활과 맞닿아 있는 문제이다. 북한의 생활 현장 어디에서나 전쟁과 관련한 용어를 일상적으로 찾아볼 수 있다.

북한 주민의 일상 속에서는 중대장, 대대참모, 돌격전, 속도전, 전격전, 사령부, 모내기 전투, 120일 전투, 생산고지, 결사전, 전쟁소설, 전쟁영화, 전시가요, 전투실화, 전투체육 등의 용어가 공식적이고 일상적으로 사용된다. 이러한 일상의 반영으로서 문학예술이 전쟁을 반영하는 것은 당연한 소재의 하나이다. 한웅빈의 작품에서도 일상 속으로 스며든 전쟁의 위험, 일상에 잠재된 전쟁의 위험을 날카롭게 포착하면서, 생활 속에서 전쟁을 잊지 않고, 전쟁의 희생을 상기시키고 있다.

지난 조국해방시기 우리 인민군군인들과 인민들은 당과
수령, 조국과 인민에 대한 끝없는 충실성과 무비의 헌신성,
대중적영웅주의를 높이 발휘하였다. 인민군군인들과 인민들
은 나라의 주인, 땅의 주인으로 내세워주고 보람차고 행복한
생활을 마련하여준 당과 수령을 위하여, 조국과 인민을 위하
여 청춘도 생명도 다바쳐 싸웠다. 조국해방전쟁시기에 발휘
한 인민군군인들과 인민들의 고상한 혁명정신은 오늘도 우리
인민을 혁명적으로 교양하기 위한 사상적량식으로 되며 훌륭
한 무용소재로 된다.

—『조선예술』, 1997년 7호, 문학예술종합출판사, 1997, 52쪽.

북한문학에서 전쟁은 과거의 영역이다. 그러나 단절된
과거가 아니다. 현재의 일상과 상시적으로 조우하는 과거
이다. 책상을 정리하다 문뜩 낡은 사진을 들여다보듯 일상
의 시간 속에 잠시 과거로 돌아간다. 일상이라는 삶의 공
간, 시간의 공간을 스냅사진처럼 멈추었던 기억을 불러내
고, 현재는 끊임없이 과거와 연결되어 있음을 확인한다.
현실의 눈에는 보이지 않지만 전쟁의 잠재적 에너지원이
있음을 발견하고, 이름 없이 죽어간 용사의 희생이 오늘날

인민의 삶을 지탱하고 있음을 통해, 전쟁은 여전히 지속되고 있음을 환기시키는 것이다.

북한문학, 전쟁이야기로 혁명을 교양하다

북한 문학예술에서 전쟁이 끊임없이 반복적으로 되풀이되는 것은 전쟁을 소재로 한 문학예술은 전쟁을 경험하지 못한 전후세대들에게 혁명의 과정이 얼마나 힘들고 괴로웠는지를 교양하기 위해서이다. 전쟁을 경험하지 못한 세대들에게 전쟁의 경험을 보여주는 교양교재로서 일차적인 역할을 한다. 그리고 이를 통하여 전쟁을 경험하지 않은 세대, '전쟁의 준엄한 시련을 겪어보지 못한 세대'에게 '미제국주의자들이 얼마나 악랄하고 교활한 놈들인가 하는 것'과 '미제국주의 침략자들에 반대하여 어떻게 싸웠는지'를 교양하고자 한다.

우리의 자라나는 새세대들은 전쟁의 준엄한 시련을 겪어보지 못하였으며 미제국주의자들이 얼마나 악랄하고 교활한 놈들인가 하는 것도 잘 모릅니다. 지금 인민군대에 18살 난 청년들이 입대하는데 전쟁시기에 그들의 나이는 5살도 못되었습니다. 그렇기때문에 그들은 미국놈이라는 말만 들었지 미제국주의자들이 우리 조국땅에서 감행한 야수적만행을 직접 보지 못하였으며 적비행기들의 폭격에 대해서도 무섭다는 것밖에는 모릅니다. 우리가 이러한 새세대들에게 무엇을 가르쳐주어야 하겠습니까? 우리는 자라나는 새세대들에게 지난 조국해방전쟁시기 우리 인민이 미제국주의 침략자들을 반대하여 어떻게 싸웠는가 하는 것을 알려주어야 합니다. 그러자면 위대한 조국해방전쟁시기 인민군용사들이 영웅적으로 투쟁한 사실과 로동자, 농민, 청년학생들과 녀성들이 용감하게 투쟁한 사실들을 가지고 혁명적영화를 많이 만들어야 합니다.

— 김일성, 「혁명교양, 계급교양에 이바지할 혁명적영화를 더 많이 만들자: 조선로동당 중앙위원회 정치위원회 확대회의에서 한 연설 1964년 12월 8일」, 『김일성 저작집 18』, 조선로동당출판사, 1982, 461~462쪽.

북한문학이 북한 사회에서 존재하는 일차적인 이유는 인민대중을 교양하는 것이다. 교양이라는 측면에서 전쟁을 소재로 한 문학이나 영화는 전쟁을 간접적으로 체험하게 하는 훌륭한 교양물이다. 전쟁을 소재로 한 작품을 통해 강조하는 것은 각자의 위치에서 당을 믿고 충실히 자신에게 맡겨진 임무를 수행하라는 것이다. 소설을 통해, 영화를 통해 각자의 위치에서 맡겨진 일을 충실하게 수행할 때 전쟁에서 승리할 수 있다는 믿음을 교양한다.

북한문학, 전쟁이야기로 전쟁을 훈련하다

북한문학에서 전쟁을 소재로 하는 다른 이유는 전쟁이 닥쳤을 때 어떻게 행동해야 하는지를 실천적으로 알려주기 위해서이다. 전쟁이 나면 구체적으로 어떻게 행동해야 할지를 문학예술을 통해 보여준다.

작가, 예술인들은 군민관계를 주제로 한 문학예술작품을 많이 창작하여야 합니다. 군민관계를 주제로 한 작품은 군대와 인민이 전쟁에 대처한 사상적준비를 갖추도록 하는데서 큰 역할을 합니다. 군민관계를 주제로 한 작품을 많이 창작하면 군대와 인민을 우리 당의 군민일치사상으로 더욱 튼튼히 무장시키고 일단 유사시에 군대와 인민이 굳게 뭉쳐 싸우게 할수 있습니다. 창작가, 예술인들은 인민군군인들이 인민의 생명과 재산을 철저히 보위하고 인민들이 군인들을 친혈육같이 아끼고 사랑하며 그들의 생활과 전투준비를 적극 도와주는것을 형상한 작품을 많이 창작하여야 하겠습니다.

— 김정일, 「혁명적문학예술작품창작에서 새로운 앙양을 일으키자: 문학예술부문 일군들과 한 담화 1986년 5월 17일」, 『김정일선집 (8)』, 조선로동당출판사, 1998, 373쪽.

전쟁을 소재로 한 작품이 실질적인 지침서가 되는 것은 작은 이야기를 소재로 하기 때문이다. 전쟁을 소재로 한 문학예술에서는 전쟁의 거창한 면을 그리지 않는다. 부분적이고 지엽적인 문제를 그린다. 주인공의 계급도 낮고, 중요한 전투를 무대로 하지 않는다. 어찌 보면 부분적이고 지엽적인 문제를 소재로 한다. 김일성은 전쟁영화를 창작하는 원칙에서 전쟁영화라고 하면 "전쟁의 첫날부터 승리하는 날까지 다 포괄하는 경향"이 있는데, '전쟁의 전 과정을 연대기적으로 그리는 경향은 안 된다'고 하면서, 전쟁을 그리되 연대기적으로 쓰지 말고 작은 문제를 가지고 다양한 소재를 찾아 작품을 쓸 것을 강조하였다.

조국해방전쟁을 주제로 한 영화를 만드는데서도 전쟁의 첫날부터 승리하는 날까지 다 포괄하려는 경향이 있습니다. 조국해방전쟁의 전과정을 한편의 영화에서 다 취급한다는 것은 간단한 문제가 아닙니다. 조국해방전쟁의 전과정을 년대

기식으로 그리려고 하기때문에 취재하기도 힘들고 영화를 만들기도 힘듭니다.

— 김일성, 「깊이있고 내용이 풍부한 영화를 더 많이 창작하자: 영화문학작가, 영화연출가들 앞에서 한 연설 1966년 2월 4일」, 『김일성 저작집 20』, 조선로동당출판사, 1982, 283쪽.

전쟁을 소재로 한 문학예술 작품에서 작은 이야기를 그리라는 것은 작품을 읽는 인민대중의 성격을 고려하기 때문이다. 군인과 달리 인민들은 진격과 후퇴의 상황을 접하게 되는데, 이때 상황에 맞추어 여러 가지 투쟁 방법을 문학이나 영화를 통해 배워야 하기 때문이다. 따라서 전쟁을 소재로 한 문학이나 영화는 인민을 간접적으로 교양하는 교재가 되어야 한다.

작은 문제를 가지고 작품을 쓰려면 소재는 얼마든지 있습니다. 지난 조국해방전쟁의 일시적후퇴시기에 인민군용사들과 인민들이 온갖 시련을 이겨내면서 용감히 싸운 내용을 가지고 작품을 만들어도 좋은 교양자료로 될수 있습니다. 일시적 후퇴시기에 소부대가 적후에서 활동하면서 적들에게 큰 타격을 준 사실이라든지, 부득이한 사정으로 대오에서 떨어진 병사가 신념을 잃지 않고 동지들을 모아가지고 적후에서 용감히 싸우다가 재진격하는 부대를 만난 감격적인 이야기라든지, 적강점지역에서 지하공작이나 유격투쟁을 한 사실들을 가지고 영화를 만들어야 합니다. 그래야 다시 전쟁이 일어나서 사람들이 적후에남게 되더라도 신심을 잃지 않고 용감히 싸울수 있습니다. 전쟁에서는 일진일퇴하는 우여곡절이 있을 수 있습니다. 지난날의 전쟁역사는 거의 모든 전쟁들에서 다 진격도 있고 후퇴도 있었다는 것을 보여주고있습니다. 그러므로 인민들과 인민군군인들을 여러가지 투쟁방법을 가지고 교양하여 사람들이 뜻하지 않은 어려운 환경에 부닥치더라도 영화나 소설에서 본 내용을 더듬어가면서 싸울수 있게 하여야 합니다.

― 김일성, 「깊이있고 내용이 풍부한 영화를 더 많이 창작하자: 영화문학작가, 영화연출가들 앞에서 한 연설 1966년 2월 4일」, 『김일성 저작집 20』, 조선로동당출판사, 1982, 283~284쪽.

소설이나 영화를 통해 전쟁의 다양한 이야기를 보여줌으로써 '어려운 환경에 부닥치더라도 영화나 소설에서 본 내용을 더듬어가면서 싸울 수 있'도록 하라는 것이다. 그래서 막상 전쟁이 일어났을 때 영화나 소설에서 본 내용을 참고로 싸울 수 있도록 하라는 것이다.

북한문학과 전쟁 본보기: 한웅빈, <소원>

한웅빈의 소설 <소원>은 단편집 『우리 세대』(문학예술출판사, 2006) 수록된 단편소설로 일상으로 전쟁을 어떻게 호명하는 지를 보여주는 작품이다. 주인공은 전쟁주제의 명화창작으로 이름난 화가 서영민이 전쟁영웅 소재 명화를 창작하게 된 계기가 한 무명용사의 무덤 때문이었다는 것을 들려주는 액자소설이다.

화가 서영민은 전쟁 주제 그림으로 이름을 떨치는 화가이다. 서영민에게는 괴짜 버릇이 하나 있었다. 그것은 그림을 그리는 젊은 화가들이 전쟁 주제 이외의 그림을 그리면 언제나 '이 그림을 왜 그렸느냐'고 묻곤 하였다. 이런 서영민에게 젊은 화가들이 '왜 전쟁주제 화가가 되었는지'를 물어보지만 대답을 하지 않았다. 그저 "우리야 선군시대에 살지 않소"라고 대답할 뿐이었다. 그러다보니 서영민이 "왜 그런 그림을 그리느냐"고 묻는 것도 그저 일상적으로 묻는 말 정도로 생각하게 되었다. 그러던 어느 날 젊은 화가들은 우연히 서영민이 왜 전쟁주제 화가가 되었는지를 알게 된다.

젊은 화가 몇 명이 서영민의 집으로 찾아가던 날은 마침 대청소 중이었다. 평소 서영민은 손님이 오면 언제나 화실이 아닌 전실에서 사람들을 맞이하곤 하였고, 화실을 보여주지 않았다. 화실은 서영민의 공간이었다. 화실은 부인이 청소를 하고 싶어도 '청소할 권리'도 없는 공간이었다. 그런 서영민의 화실을 어쩔 수 없는 대청소 때문에 젊은 화가들에게 허락하게 된 것이었다.

마침 대청소를 하면서 전실은 온통 물건으로 채워졌고, 발 디딜 틈도 없었기에 서영민은 별수 없이 화실에서 젊은 화가들을 맞이하게 되었다. 서영민의 화실에 처음 와본 젊은 화가들은 이리저리 화실을 둘러 보다 소학교 학생 수준의 유치한 그림을 발견한다. 대화가의 화실에는 어울리지 않은 소학교 학생 수준의 그림이 어떤 사연으로 화실에 있게 되었는지 궁금해 한다. 서영민은 젊은 화가들에게 '소학교 때 그린 그림'이라고 하면서 그림에 얽힌 사연을 들려준다.

어릴 시절 서영민이 다니던 학교 뒤편 동산에는 '무명전사의 묘'가 하나 있었다. 어느 날 담임선생님으로부터 무명전사에 대한 이야기를 듣게 되었다. 전쟁시절 사람들이 폭격을 피해 숨어 있던 방공호 앞에 시한폭탄이 떨어지자, 무명용사는 용감하게 나가 폭탄을 처리하고 흔적도 없이 사라졌다는 것이다. 무명용사의 무덤은 폭탄을 몸으로 막고 죽은 무명용사의 것이었다는 이야기를 듣는다.

그날 저녁 선생님의 이야기가 떠오른 서영민은 선생님이 내준 숙제도 잊고 학습장에다 낮에 선생님이 들려준 무명용사의 얼굴을 그려서 제출하였다. 서영민이 학습장에 무명용사의 그림을 그리게 된 사연을 들은 담임선생님은 앞으로도 '무명용사를 잊지 말아야 한다'고 말해 주었다는 것이다. 그날 밤 서영민은 꿈에서 무명전사를 만났고, 이후 전쟁주제 그림을 그리는 화가가 되었던 것이다.

북한문학에서 전쟁은 어떻게 그려지나

한웅빈의 〈소원〉은 분량도 짧고 스토리도 단순한 단편이다. 〈소원〉은 오늘날 인민들이 살아 있고, 생활을 누리는 것은 인민들을 대신하여 목숨을 바친 무명용사들이 있었기에 가능하다는 것을 환기한다. 무명용사의 일화를 찾아서 작품으로 창작하는 것은 일상화된 창작 방식이다. 전쟁을 소재로 할 때, 평범한 병사의 용감한 행동을 전쟁의 전형으로 그릴 것을 주문한다. 이름 없이 싸운 무명용사의 이야기를 적극 찾아낼 것을 강조한다.

우리는 전체 인민들을 전쟁관점으로 튼튼히 무장시키는데

적극 이바지할수 있는 조국해방전쟁주제의 영화를 많이 만들어야 하겠습니다. 안영애동무와 같이 널리 알려진 사람들뿐 아니라 세상에 알려지지 않은 무명영웅전사들도 적극 찾아내여 그들에 대한 이야기를 가지고 영화를 만들어야 하겠습니다.

— 김정일, 「영화창작에서 새로운 앙양을 일으킬데 대하여: 위대한 수령님의 문예사상 연구모임에서 한 결론 1971년 2월 15일」, 『김정일 선집 (2)』, 조선로동당출판사, 1993, 153쪽.

한웅빈의 〈소원〉은 김정일이 요구한 문제의식을 충실하게 반영한 작품이라고 할 수 있다. 북한에서 혁명선배에 대한 기억, 무용용사에 대한 기억은 일상적으로 요구하는 문제의식이다. 혁명사업이 대를 이어 계속되고 있다는 것을 보여주어야 한다. 평범한 일상의 모든 곳에는 이름 없는 무명용사의 희생이 바탕이 되었다는 것을 각인시켜야 한다. 〈소원〉은 생활 속에서 인민을 대신하여 죽어간 무명용사를 잊지 않고 기억하자는 것이다. 전쟁화가로 유명한 서영민은 곧 젊은 화가들이 본받아야 할 모범적인 상이다. 동시에 대화가 서영민과 같은 인물을 통해 전쟁에서 희생된 무명용사를 잊지 말고 기억하자는 메시지가 전달된다.

계급교양을 주제로 한 작품과 조국해방전쟁을 주제로 한 작품을 더 많이 창작하여야 한다. 조성된 정세와 세대가 바뀌고있는 우리 나라의 현실은 사람들을 계급적으로, 혁명적으로 교양하는데 이바지하는 미술작품을 더 많이 창작해낼것을 요구한다. 미술가는 계급교양을 주제로 한 작품과 조국해방전쟁을 주제로 한 작품을 많이 창작하여 근로자들과 자라나는 새 세대들이 제국주의의 반동성과 부패성, 침략적본성을 똑바로 인식하고 지주, 자본가를 비롯한 착취계급을 미워하는 계급의식을 높이며 전쟁관점을 바로가지도록 하여야 한다.

　　— 김정일, 「미술론 1991년 10월 16일」, 『김정일선집 (12)』, 조선로동
　　　당출판사, 1997, 66쪽.

김정일은 『미술론』에서 전쟁을 주제로 한 미술 작품 창작을 강조한 바 있다. '조국해방전쟁을 주제로 한 작품을 많이 창작하여 근로자들과 새 세대들이 계급의식을 높이며, 전쟁에 대한 관점을 바로 갔도록 할' 것을 요구하였다. 김정일의 이런 요구는 한웅빈의 소설 〈소원〉에서 화가 서영민이 보여준 행동 바로 그것이었다. 문학예술을 통한 교육, 전쟁에 대한 일상적 호명이 이루어지고 있음을 보여주는 장면이다.

북한의 고전문학

지난날의 문학작품에 봉건적이며 자본주의적 요소가 있다고 하여 그것을 덮어놓고 다 빼버린다면 우리의 역사는 남을 것이란 하나도 없을 것이며, 인민은 과거 아무것도 창조해 놓은 것이 없는 민족이 된다. 과거가 없는 현재가 있을 수 없고, 계승이 없는 혁신을 생각할 수 없듯이 사회주의 민족문학예술은 결코 빈터 위에서 생겨나지 않는다. 사회주의 민족문학예술은 지난날의 문학예술 가운데서 낡고 반동적인 것을 버리고 진보적이며 인민적인 것을 시대의 요구와 계급적 성격에 맞게 계승발전시키는 토대 위에서 건설하고 발전시켜 나갈 수 있다. 이것은 사회주의 민족발전의 합법칙적 과정이다. 민족문화유산을 평가할 때 개별적 일꾼들의 자기의 주관적인 판단에 따라 하지 말고 해당 부문 일군들이 집체적으로 모여 그 유산이 만들어진 시대와 사회역사발전 환경, 혁명의 요구를 연구한 기초 위에서 신중하게 해야 한다. … 선조들이 이룩해 놓은 민족문화유산을 그저 허무주의적으로 대할 것이 아니라 귀중히 여길 줄 알아야 한다.

— 김정일, <조선노동당 중앙위원회 선전선동부 일군들과 한 담화>, 1970년 3월 4일.

북한의 민족문화정책과 고전문학 해석

전통문화에 대한 남북의 인식에는 차이가 있다. 남한의 민족문화정책은 원형의 보존에 초점이 있다. 민족문화는 선조들의 삶을 이해하는 원형이기 때문에 가능한 원형을 보존하는 데 정책의 무게를 둔다.

반면 북한에서는 현대에 무게를 둔다. 아무리 훌륭한 전통문화라고 해도 어쩔 수 없는 시대적 한계가 있다고 평가한다. 전통문화를 시대에 맞게 살린다고 해서 옛 것을 그대로 재현해서는 안 된다는 입장이다. 사회주의 발전에 맞는 현대적 계승을 강조한다. 현재성을 강조하는 북한의 정책은 문학에도 적용되는 원칙이다. 북한의 고전문학은 현대적으로 개작되었다.

인민 대중의 자주적 요구와 근본리익에 맞게 사회주의 문학예술을 건설하려면 우리 식의 창작 방법에 철저히 의거해야 하며 문학 예술에 대한 당의 령도를 확고히 보장하고 혁명적 문학 예술 전통을 굳건히 옹호 고수하고 빛나게 계승 발전시켜 나가야 한다. 주체 시대 사회주의 문학예술의 유일하고 옳은 창조 방법론인 주체 사실주의는 주체의 철학적 세계관에 기초하여 인간과 생활을 보다 진실하게 그려냄으로써 문학예술로 하여금 인민대중을 참답게 복무할 수 있게 하는 방법론이다.

— 고철훈, 「문학예술 창작에서 사회주의 원칙을 철저히 견지하자」, 『조선어문』, 1992년 4호, 23쪽.

현대적으로 개작한 것은 고전문학이 갖고 있는 어쩔 수 없는 시대적인 한계를 극복하기 위한 방법이었다. 고전문학이 갖는 어쩔 수 없는 한계는 크게 4가지로 모아진다. '계급적 성격이 드러나지 않는다', '과학적이지 못한 내용이 많다', '상투적 구성이다', '조선의 특색이 드러나지 않는다'는 것이다. 고전문학의 이러한 한계는 현대적인 개작을 통해 상당 부분 수정되었다.

고전문학과 계급성

고전문학의 가장 큰 한계로 지적하는 부분은 계급성이다. 고전문학에는 계급성이 제대로 반영되지 못한다는 것이다. 착취와 피착취의 대립이 분명하게 드러나야 하는데, 그렇지 못하다는 것이다. 계급 사회의 모순을 일부 각성한 인물들도 자신이 속한 계급적 한계로 인해 피착취 계급의 입장을 정확하게 대변하지 못한다는 것이다.

북한에서 우수한 작품으로 평가하는 고전문학에 대한 평가에서도 예외가 아니다. 북한에서 높은 평가를 받는 〈허생전〉에 대해 "작품은 일련의 본질적제한성을 갖고 있다. 작품은 농민봉기군들의 투쟁에 동정을 표시하면서도 그들의 투쟁을 지지하거나 그들의 근본요구를 대변하지 못하였다"고 평가하는 것이나37) 〈춘향전〉에 대해 "력사적 및 시대적 제한성을 가지고 있다. 우선 봉건적 신분제도에 대한 비판이 철저하지 못하다"38)고 평가하는 것이 그런 예이다.

조선시대 문학작품에서 나타난 '충군(忠君)'이나 '효(孝)'와 같은 문제도 계급적인 차원의 한계로 평가한다.

  (〈심청전〉에 대해서) 효성문제를 계급적 관점에서 밝히지 못하고 자식은 부모에게 무조건 효도를 지켜야 한다는 립장에서 형상을 창조하였다.
  — 정홍교 외, 『조선고대중세문학작품해설』, 과학백과사전출판사, 1996, 174쪽.

37) 정홍교 외, 『조선고대중세문학작품해설』, 과학백과사전출판사, 1996, 174쪽.
38) 박헌균 편집, 『고전소설해제』, 문예출판사, 1991, 439쪽.

북한문학의 유일한 창작원리인 사회주의적 사실주의 원칙에 따라 모든 인물은 자신이 속한 계급적 특성, 즉 전형을 보여주어야 한다. 즉 살아 있는 개인이 아니라 계급을 대표하는 전형적인 인물이어야 한다. 계급적인 특성을 반영하지 못한 설정은 잘못되었다는 것이다. 북한에서는 〈심청전〉을 평가하면서 "봉건량반관료의 처인 장승상 부인을 인정이 있고 덕이 높은 인물로 형상"[39] 한 것은 본질을 제대로 보지 못한 잘못된 것으로 비판한다. 장승상 부인은 봉건 '량반 관료의 처'이므로 철저하게 봉건 양반 관료의 부인으로서 계급적 입장을 대변해야 하는 것이 옳다는 것이다. 양반의 처임에도 불구하고 인정 있고 덕이 높은 인물로 묘사한 것은 계급적 각성이 부족한 본질적인 문제라는 것이다.

고전문학과 비과학성

계급성과 함께 고전문학에 대해 비판하는 것은 '비과학성'이다. 북한이 비판하는 비과학성은 두 가지로 구체화 된

---

39) 위의 책, 228쪽.

다. 하나는 종교적인 색채를 띠고 있다는 것이고, 다른 하나는 민속적인 요소가 많다는 것이다.

고전문학에는 유교나 불교 등 종교적 색채가 강한 내용이나 작품이 많다. 이에 대해서는 작품의 본질적인 문제로 비판한다. 〈구운몽〉에 대해서 "작품의 제한성은 또한 주인공 양소유가 인간세계에서 보낸 자기의 지난날의 생활을 일장춘몽으로 보면서 팔선녀들과 더불어 다시 불도를 닦아 이른바 극락세계에로 가려고 하는데서도 나타난다"[40]고 하였다. 불교적인 세계관이 보인다는 것을 시대적인 한계로 지적하였다.

종교적인 것에 대한 비판은 역사기록에도 적용된다. 혜초의 『왕오천축국전』에 대해 높이 평가하면서도 한편으로 불교적 내용에 대해서는 비판한다. "대려행기를 썼다는 것은 인류문화사적으로도 의의있는 사실이다. 그러기에 중국, 일본 등 외국의 여러 연구자들까지도 혜초의 '왕오천축국전'은 당시의 매우 중요한 저술로서 8세기초의 중국, 인도, 중앙아세아를 연구하며 정상의 그릇된 서술을 바로잡는데서도 의의가 있다는 것을 강조하였다"고 높이 평가한다. 동시에 다른 한편으로는 "물론 혜초는 한생을

---

40) 정홍교 외, 『조선고대중세문학작품해설』, 과학백과사전출판사, 1996, 88쪽.

중으로 마쳤으며 오래동안 외국에서 살았던만큼 그가 쓴 려행기에는 시대적 및 그 개체의 사상적 제한성이 반영되여있다. 불교도의 안목으로 사물현상을 보고 평가하고있는 것은 가장 주되는 제한성이 아닐 수 없다"고 평가한다.[41] 불교인이 불교에 대해 쓴 문헌조차도 종교성 때문에 비판을 받는 것이다.

고전문학과 종교, 속신

고전문학에는 종교적인 요소 이외에도 점이나 꿈 해몽 같은 속신(俗信)적인 요소가 많이 들어 있다. 이 점 역시 과학적이지 못하다고 비판받는 내용의 하나이다. 〈심청전〉에 대해 "소설에서는 또한 적지 않게 종교적이며 미신적인 형상들이 그려지고 있다. 작품에서는 산천에 제를 지내고 심청을 낳는 것, 꿈풀이로 행복과 불행을 점치는 것, 심청의 얼굴을 그린 족자의 변화를 보고 그의 운명을 예언하는 것, 남경장사군들이 항로의 안전을 위하여 처녀를 바다 제물로 바치고 제를 지내는 것 등 종교적이며 미신적인

---

41) 최옥희 지음, 강진·리창유 심사, 『고전문예작품사화집』, 예술교육출판사, 1991, 45쪽.

형상들이 적지 않게 묘사되어 있다"[42]고 평가하는 것이 본보기이다. '인신공희(人身供犧)'의 제도뿐만 아니라 민중의 속신까지 부정적인 시각에서 평가한다.

고전문학과 상투적인 구조

고전문학에서는 서두가 비슷한 구조로 되어 있다. 서두에서는 시기, 장소, 조상에 대한 간단한 이력이 나와 있다. 주인공의 탄생에 대한 개략적인 정보가 주어진다. 또한 결말에서는 아들 딸 잘 낳고 대대손손 충신과 효자로 잘 살았다는 것으로 구성되어 있다. 고전문학의 상투적인 서두와 결말에 대해 비판한다. 특히 결말에서 주인공은 행복한 인생을 마치는 것으로 되어 있는데, 이는 사실주의적이지 못한 결말이라는 것이다. 이처럼 결말 내리는 것은 당대사회의 현실을 제대로 반영하지 못한, 중세기적 사고를 되풀이 한 것이라고 비판한다.

중세문학의 이러한 우수한 민족적형식은 우리 식 문학작

---

42) 박헌균 편집, 앞의 책, 228~229쪽.

품 창작에서 훌륭히 계승발전되고 있다. 오늘 우리 식 소설문학은 이야기줄거리가 뚜렷하고 갈등이 명백하며 기승전결이 명백하다. … 물론 중세소설의 일인일대적 및 다주인공적일대기의 평면적인 구성수법이나 작품의 서두가 어슷비슷하고 후일담이 천편일률적으로 주어지는것과 같은 도식 그리고 설화체표현수법은 우리 식 소설문학과 인연이 없다.

— 리창유, 「우리 식 문학건설에서 고전문학이 노는 중요한 역할」, 박헌균 편집, 『조선고전문학연구 I』, 문학예술종합출판사, 1993, 15쪽.

북한에서도 행복하게 끝나는 '해피엔딩'에 대해서는 긍정적으로 평가한다. 작품의 해피엔딩은 오랜 인민의 정서를 반영한 민족적인 작품으로 인정한다. 즉, 우리 식 문학에서 비극적인 결말로 끝나는 작품이 없는 것은 현실을 중요시하면서도 미래를 귀중히 여기는 민족적 정서를 반영한 작품으로 인식한다.

우리 식 문학에서는 또한 주인공들의 생활이 비극적으로 처리되는 것을 찾아보기 어렵다. 우리 인민은 예로부터 작품에서 긍정적인물들의 리상적인 생활을 찬미하였으며 그들의 운명선을 비극적으로 처리하지 않고 반드시 행복을 성취하는 것으로 이야기의 끝을 맺는 형상방법을 썼다. 우리 인민은 이렇게 현실생활을 중시하면서도 미래를 귀중히 여겨왔다. …
우리 나라 고전소설들의 대부분은 이처럼 이야기의 뒤끝이
랑만주의적대단원으로 끝나고 있다. 우리 인민의 이 랑만주
의적대단원으로 끝나고있가. 우리 인민의 이 랑만적지향은
선을 긍정하고 인간의 선량한 량심을 그 무엇보다 소중히 여
기는 미덕으로부터 출발한 것이다.

— 리창유, 「우리 식 문학건설에서 고전문학이 노는 중요한 역할」, 박헌
  균 편집, 『조선고전문학연구 Ⅰ』, 문학예술종합출판사, 1993, 15~16쪽.

북한이 비판하는 것은 해피엔딩의 내용과 도식성이다.
홀륭한 작품일수록 창작 당시 인민들의 지향과 요구 그리
고 그 시대적 조건을 문학적으로 반영해야 한다는 것이다.
시대적 조건을 반영하면서 중세기적 사고에 반대하는 선
진적 지향을 보여주어야 한다는 것이다. 많은 작품에서 인
민의 건강한 의식 개혁을 그리기보다는 양반 세계에 대한
지향과 동경으로 끝을 맺는다는 것이다. 해피엔딩의 주체
로서 인민성이 결여되어 있는 것이다. 이는 계급적이지 못
한 관점으로 잘못이라는 것이다.

고전문학과 민족성

민족성은 고전문학을 평가하는 핵심 요소의 하나이다. 북한에서 민족은 정치적 단위이며, 문화적 단위이다. 혁명도 민족을 중심으로 일어나고, 문화도 민족마다 특색이 있다고 강조한다. 당연하게도 조선민족의 문학에는 조선적인 특징이 반영되어야 한다. 하지만 고전문학 중에는 조선적인 내용이 빠져 있는 것이 많다.

고전소설의 경우에는 작품 대부분이 중국을 배경으로 한다. 또한 주요한 장면 곳곳에 한시(漢詩)나 경전(經典)구절이 인용되어 있다. 한글이나 판소리계 소설이 아닌 경우에는 극중에서 상황을 설명하거나 묘사하거나 비유할 때에도 중국 문헌이나 인물을 차용한다. 고전문학의 이러한 설정이나 비유에 대해서는 사대주의적인 성향을 반영한 것으로 평가한다.

고전문학의 현대화와
<심청전>의 딜레마

위대한 령도자 김정일동지께서는 다음과 같이 지적하시였다. ≪찬란한 문학예술유산을 가지고있는것은 우리 민족의 크나큰 긍지이며 민족문학예술을 끊임없이 개화발전시켜나갈수 있게 하는 귀중한 밑천으로 된다.≫

주체36(1947)년 1월말.

위대한 수령님께서는 해방후 우리 나라에서 처음으로 무대에 올린 연극 ≪심청전≫을 지도하여주시기 위하여 국립극장(당시)에 나오시였다.

위대한 수령님의 환하신 영상을 우러르는 순간 창작가, 예술인들은 끝없는 환희와 격정에 휩싸여있었다.

이날 위대한 수령님께서는 연극을 주의깊게 다 보아주신 후 창작가들에게 배우들의 연기는 다 좋으나 꿈으로 처리한 장면은 아주 잘못되였다고 하시면서 민족고전을 이렇게 개작하여서는 안된다고 교시하시였다.

— 「연극 ≪심청전≫에 깃든 위대한 령도」, 『조선예술』, 2009년 6호.

고전문학 현대화 작업

고전문학에 대한 비판적 평가는 곧 고전문학에 대한 현대적 개작과도 연결되었다. 고전문학에는 한계가 있는데, 그대로 인민들에게 보여줄 수는 없었다. 개작을 통해 인민들에게 교양이 될 수 있도록 개작하였다. 북한 주민들이 알고 있는 고전문학의 대부분은 현대화된 소설이나 영화를 통해서 현대화된 것이다.

북한에서 진행된 고전소설의 현대화 작업 대상으로 선정된 작품은 '진보적이며 인민적인 작품'이 우선 대상이었다. 고전문학 중에서 우수하다고 판단되는 작품을 선별하여 '시대의 요구와 계급적 성격에 맞도록 개작이 이루어졌다. 고전문학의 개작은 민족적 형식에 사회주의적 내용을 담는 것이었다. 착취계급의 인물은 전형적인 악인으로, 하층민은 전형적인 선인으로 설정되었다. 선악의 갈등이 분명하게 드러났다.

〈춘향전〉의 월매는 새롭게 탄생된 인물형상의 본보기적인 사례이다. 남한에서 개작된 〈춘향전〉에서 월매는 극중 재미를 더하는 희극적인 인물이다. 방자와 향단, 월매는 주인공 춘향과 이몽룡의 사랑을 이어주면서 극중 긴장을 해소하고, 막간의 재미를 더하는 존재이다.

하지만 북한에서 개작된 〈춘향전〉에서 월매는 엄숙하고 진지한 존재, 계급적 모순을 절감하는 피지배계층의 억압받는 인물이다. 월매나 방자, 향단 같은 하층민은 시종일관 진지하며 도덕적인 인물로 설정되었다. 반면, 이몽룡의 어머니나 관료들은 부패한 인물로 설정되어 있다. 이들 인물뿐만 아니라 동네아낙이나 농부 같은 일반인민들도 적극적으로 현실에 참여하는 것으로 설정되었다. 주체사상에 따라서 역사의 주체로서 나설 수 있는 가능성을 보여준다. 어떤 인물이든 인물이 갖고 있는 계급성이 확연하게 드러난다.

월매는 바로 이 진정한 어머니다운 점으로 하여 봉건시기의 평범한 어머니의 전형적성격미를 체현할 수 있었다. 지난 시기에는 월매의 성격의 이 두 측면에 대한 리해가 부족하였던 관계로 무대물에서 그 성격의 본질적인 것을 정확히 형상하지 못하였었다. 그러므로 월매에게서는 퇴기의 괴벽한 성미가 두드러지게 나타났으며 평범한 어머니로서의 주도적인 성격은 무시되였다. 이 무제는 우리 당의 현명한 령도 밑에 창조된 가극을 비롯하여 〈춘향전〉의 각색작품들에서 비로소 정확하게 해결될수 있었다.[43]

고전의 개작과정에서 두드러지는 것은 애국심이다. 개작된 모든 작품에는 애국심이 반영되어 있다. 북한은 인민들의 비판적 애국적 사상의식을 담은 작품을 높게 평가하면서, 고전문학의 개작 과정에서 적극적으로 애국주의 사상의식을 반영한 것이다.

고전문학 작품에 그려져있는 우리 인민의 민족적성격에서 중요한 특징을 이루는 것은 첫째로, 향토를 사랑하고 나라를 사랑하는 애국주의정신이 강하며 외래침략자들을 물리치는 싸움에서 용맹스러운 것이다.[44]

영화 〈홍길동〉에서 왜적과 싸우는 대목을 설정한 것이나 〈임진록〉과 〈박씨부인전〉에 대한 평가에서도 애국심은 중요한 평가 기준이다. 〈임진록〉에 대해 애국적 진보적 문학사조를 반영하였다고 높이 평가하고, 〈박씨부인전〉에 대해 여성도 나라를 위해 몸과 마음을 바쳐 아름다운 삶을 일깨워 주는 작품으로 평가한다. 외세에 반대하는 것을 '전통'으로 규정하고, 개작 과정에서 적극 반영하는

---

43) 박헌균 편집, 『고전소설해제』, 문예출판사, 1991, 438쪽.
44) 리창유, 「우리 식 문학건설에서 고전문학이 노는 중요한 역할」, 박헌균 편집, 『조선고전문학연구 Ⅰ』, 문학예술종합출판사, 1993, 6~12쪽 참조.

것이다.

외세 대한 심리적 대응적은 일본이다. 우리의 고전소설에서 침략자는 주로 오랑캐이다. 말갈, 거란 등으로 설정되어 있는 반면 일본을 직접적인 침략자로 설정한 작품은 별로 없다. 하지만 개작한 고전소설에는 일본이 침략자로 설정되어 있다. 〈홍길동〉, 〈계월향〉, 〈강릉처녀와 평양젊은이〉 등에서 일본을 침략자로 설정하고 맞서 싸우는 장면을 설정하였다. 이처럼 외세의 침략에 대응하여 싸우는 것을 민족적 전통으로 보고 있다.

우리의 소설문학은 자기 발전의 길에서 우리 인민의 남달리 강한 애국심을 반영하였으며 그것은 줄기찬 민족적전통으로 되었다. 〈임진록〉, 〈박씨부인전〉, 〈림경업전〉, 〈달천몽유록〉 등 17세기 전반기의 대표적인 소설작품들은 모두 나라와 민족의 운명을 판가리하는 반침략적 애국투쟁을 주제로 하고 있으며, 그 간고한 투쟁속에서 민족적 및 계급적으로 각성된 인민들의 미학적요구를 반영하면서 발전하였던만큼 애국심은 이 작품들의 주제사상적내용을 관통하는 기본지향을 이루고 있다.

— 김하명, 『조선문학사(17세기)』, 사회과학출판사, 1992, 163쪽.

고전문학에서 '우리식'이라 함은

고전소설 수용의 또 다른 기준인 '우리 식'은 다음 세 가지
를 의미한다.

첫째, 우리의 말과 글로 창작된 작품이다. 고전문학 중
에는 한글로 창작된 작품이 많지 않다. 대부분의 작품이
한문으로 창작되었다. 우리말로 창작된 작품은 판소리계
소설을 중심으로 얼마 되지 않는다. 북한에서는 특히 판소
리계 소설이 높은 평가를 받는 것도 우리말로 창작되었기
때문이다.

둘째, 우리나라를 배경으로 한 작품이다. 고전문학에서
는 대부분의 작품이 중국을 배경으로 한다. 고전소설의 경
우에는 작품 서두에 시대적인 배경과 공간적인 배경을 제
시한다. 이때 제시된 시대적인 배경은 대부분 명나라이다.
시기적으로 고전소설이 창작된 때는 중국 청나라였지만
중화주의로 인해서 명나라를 배경으로 삼은 작품이 많았
다. 하지만 민간에서 구연된 이야기를 바탕으로 한 〈장화
홍련전〉과 같이 조선을 배경으로 한 작품도 있다. 이들 작
품이 좋은 평가를 받는 것은 당연하다.

셋째, 민족적 정서를 표현한 작품이다. 조선의 문학은
조선인의 정서와 감성이 표현되어야 한다는 것이다. 조선

의 정서와 감성은 1950년대 민족적 특성논쟁에서 치열하게 논의되었던 부분이다. 사건의 순차적 구성, 주인공의 분명한 성격 등이 민족적 정서를 반영한 것으로 평가한다.

인물에 대한 묘사나 비유에서 널리 알려진 중국의 명문가들이 등장한다. 흔히 풍채는 두목지에, 문장은 이백에, 필법은 왕희지에 비유한다. 청중들에게 널리 알려진 인물을 비유함으로서 함축적으로 상황을 설명할 수 있다. 하지만 이러한 표현은 고전문학의 개작 과정에서 우리 민족의 영웅이나 인물로 바뀌었다.

그의 아들 리몽룡, 리도령이 또한 나이 이팔인데 인물은 호동(인물이 잘 난 고구려 왕자)이요 문장은 정송강(리조 16세기 정철)이요 글씨는 한석봉(리조 16세기 명필)이라.

정송강이 금강산을 보지 않았다면 어찌 그 유명한 〈관동별곡〉을 쓸수 있었으며 정지상이 평양 대동강을 보지 않았다면 어찌 그 훌륭한 〈남포비가〉를 쓸수 있었겠느냐. 백두산에 남이 장군의 시가 있고 남해 한산도에 리순신 충무공의 시가 있다.

내가 우리 나라 옛사기를 읽다가 을지문덕장군이 '살수'라 하는 강에서 적의 30만대군을 크게 격파한 대목을 읽다가 너

무 통쾌하여 그만 소리를 크게 하였노라고 여쭈어라

　서울에 올라간 리도령 리몽룡은 밤낮으로 경서와 여러 문
장가들의 저서를 읽어 통달하였으니 글은 최고운선생을 본받
고 글씨는 김생을 따르게 되었다.

　'호동'이나 '송강 정철', '한석봉'은 모두 일반인들에게
도 널리 알려진 인물이다. 이러한 인물에 대해서 친절하게
'인물이 잘 난 고구려 왕자', '리조 16세기 정철', '리조 16
세기 명필'이라는 해석까지 달았다.

　여기에 더하여 문학작품으로는 '〈관동별곡〉', '〈남포비
가〉', '남이장군의 시'가, 역사서에서는 '을지문덕의 살수
대첩' 부분이 인용되었고, 문장과 글씨에서는 고운 최치원
의 문장과 김생의 글씨가 인용되었다. 우리 민족의 문화유
산으로도 이처럼 좋은 예가 있는데, 구태여 중국의 고사를
인용할 필요가 있느냐는 것이다.

고전문학의 수용과 <심청전>의 딜레마

북한의 고전문학 수용과정에서 가장 큰 문제가 된 작품은 <심청전>이었다. <심청전>은 북한에서 우수한 작품으로 평가할 여러 요소가 있었다. 민중들의 삶이 녹아 있고, 우리말로 된 작품이었다. 북한 학계에서도 <심청전>은 <춘향전>과 함께 당시대의 대표적인 작품, 문학적 성과로 평가한다. <심청전>은 <춘향전>과 함께 가장 널리 알려진 작품,45) <춘향전>과 함께 구전설화에 토대한 국문소설 가운데서 제일 널리 알려진 대표적인 작품,46) <춘향전>과 함께 그 '특출한 사상예술적 성과로 하여 문학사상 중요한 의의를 가진 귀중한 소설유산'으로 평가한다.47)

　<심청전>에 대한 이처럼 높은 평가와 달리 실질적인 연구나 논의는 활발하지 못하였다. 무엇보다 <심청전>은 '용궁이야기'와 '심봉사의 개안'이라는 비과학적이고 환상적

---

45) 정홍교·박종원, 『조선문학개관 I』, 사회과학출판사, 1986(도서출판 인동, 1988), 248쪽. "소설 ≪심청전≫은 ≪춘향전≫과 함께 구전설화에 토대한 국문소설 가운데서 제일 널리 알려진 대표적인 작품이다."
46) 김춘택, 『조선고전소설사연구』, 김일성종합대학출판사, 1986(한국문화사, 1999), 313쪽. "소설 ≪심청전≫은 이상과 같은 제한성에도 불구하고 작품이 밝히려고 한 당대 인민들의 도덕품성의 아름다움과 행복에 대한 지향의 예술적탐구에 있어서 이 시기 우리 나라 국문소설이 도달한 높은 발전수준을 보여준 작품의 하나이다."
47) 정홍교·박종원, 『조선문학개관』 1, 사회과학출판사, 1986(도서출판 진달래, 1988), 231~233쪽.

인 이야기라는 치명적인 한계가 있었다. 이러한 한계는 동
시대의 성과로 평가한 〈춘향전〉과 비교되는 약점이었다.
〈춘향전〉이 '중세소설에 흔히 보이는 비과학적 환상'이
없으며, '환상적 계기'에 의해 사건이 연결되지도 않는 '객
관적이며 사실적인 묘사'가 중심인 작품이라고 평가하였
다.48) 반면 〈심청전〉은 환상적인 요소가 들어 있다는 것
이다. 부처의 '영험'을 표현하거나 '연꽃'에서 살아오는
'환상'성이 있다는 것이다.49)

　　〈심청전〉의 환상적 특성은 두 가지로 분석하였다. 하나
는 〈심청전〉의 이야기 자체가 '고대적 기원을 가진 설화
에 기초'하고 있기 때문이라는 것이다. 오랜 옛날 인간의
의식이 문명화되지 않았을 때의 이야기를 기원으로 하였
기 때문에 어쩔 수 없다는 입장이다.

　　다른 하나는 '당대 사회의 부정적인 면을 폭로하기보다

---

48) 정홍교·박종원, 『조선문학개관 I』, 사회과학출판사, 1986(도서출판 인동, 1988),
　　247~248쪽. "소설 ≪춘향전≫은 그 예술적형상수준에 있어서도 당시로서는 상당
　　한 높이에 이르고 있다. 무엇보다도 이 소설에는 중세소설에서 흔히 보게 되는
　　비과학적인 환상이 없으며 환상적계기에 의하여 사건이 조성되거나 해결되는것
　　이 아니라 현실에서 보게 되는 그대로의 객관적이며 사실적인 묘사가 위주로 되
　　고있다."

49) 김하명, 『조선문학사 5(18세기)』, 과학백과사전종합출판사, 1994, 149쪽. "작품
　　은 설화의 환상적장면들도 실재감을 주도록 구체적인 생활적계기를 가지고 묘사
　　하였으며 이로써 사실주의적성격을 강화하였으나 ≪춘향전≫이나 기타 작품들에
　　비하면 랑만주의적성격이 강하다."

는 주인공 심청의 긍정적인 성격적 특성을 구현'하려는 주제의식 때문으로 해석한다. '〈심청전〉은 당시 인민들의 지향과 염원을 직접적으로 반영하고 있기 때문에 이러한 갈등을 직접적으로 드러내놓고 해결할 수 없었'다는 것이다. 조선시대의 시대적 환경 때문에 지배계층을 비판할 수 없어서 우회적으로 표현하였다는 것이다. 당시 봉건사회에서는 '심청 부녀와 같은 가난한 사람들이 행복하게 될 수 있는 현실적토대가 없었'기 때문에 '설화의 용궁장면과 심청이 왕후가 되는 이야기를 도입하여 인민의 지향을 예술적으로 구현'하였다는 것이다.[50]

〈심청전〉의 환상성 문제는 〈심청전〉의 개작이나 연출에도 작용하였다. 북한의 자료에 의하면 〈심청전〉은 광복 이후 북한에서 창작된 최초의 연극 작품이었을 뿐만 아니라, 1950년대까지 출판이나 연극을 통해 공연되었던 주요 레퍼토리의 하나였다. 〈심청전〉이 1954년부터 1964년까지 출판, 무용극, 창극 등으로 북한 대내외에서 여러 차례 공연되었다는 것은 「로동신문」을 통해서도 확인된다. 「로동신문」에 실린 〈심청전〉 관련 기사를 살펴보면 다음과 같다.

---

50) 위의 책, 149쪽.

"고전 소설 심청전 출판"(1954년 9월 6일)

"조선 인민의 아름다운 감정 세계를 말하여 주는 훌륭한 민족 예술: 무용극 '심청전'에 대한 체코슬로바키야 인형 극단 단장의 감상담"(1955년 6월 8일)

"무용극 심청전을 공연: 국립 예술 극장에서"(1955년 5월 18일)

"우리 창극에 대한 중국 인민의 사랑, 종국 공연을 마친 국립 민족예술 극장 예술인들의 좌담회에서: 동방의 아름다운 꽃, 춘황과 심청에 대한 사랑은 조선 인민에 대한 사랑"(1957년 1월 16일)

"국립예술극장 공연-무용극 ≪심청전≫"(1957년 4월 18일)

"〈세계청년 학생 축전에서〉 천재적 재능을 소유한 인민의 예술: 모쓰크바에서 창극 심청전을 절찬"(1957년 8월 7일)

"중국에서 〈심청전〉공연"(1957년 11월 17일)

"인도네시아에서 〈심청 전〉을 번역 출판"(1962년 9월 12일)

"사실주의의 불후의 명작: 〈춘향전〉, 〈심청전〉, 〈흥보전〉 등을 중심으로"(1964년 2월 19일)

그러나 1960년대를 지나면서 북한 문헌에서 〈심청전〉에 대한 기록을 찾기는 어려워진다. 〈심청전〉이 다시 공연작품으로 무대에 오른 것은 1990년대였다. 1980년대 후반 조선민족제일주의가 확장되면서 우수한 민족문화를

발굴하는 과정에서 1994년 국립민족예술단에서 민족가극
으로 재창조하여 무대에 올렸다. 무려 30여 년의 공백기
가 있었다. 30년간의 공백기가 있었던 것은 〈심청전〉의
환상성 때문이었다.

　　다음날 아침 위대한 수령님께서는 당중앙위원회 집무실에
서 몸소 연극 《심청전》에 대한 합평회를 소집하시였다.
　　모임에 참가한 창작가들은 한결같이 어제 위대한 수령님
의 가르치심을 받고보니 연극을 꿈장면으로 비통하게 끝낸것
은 우리 인민들의 지향과 맞지 않는다고 말하였다.
　　그러나 이 연극의 담당연출가는 자기는 생각을 좀 달리한
다고 하면서 고전도 유물론적인 립장에서 보아야 하며 과학
성과 현대성의 요구가 보장되여야 하는것만큼 어차피 원작에
있는 룡궁과 심봉사가 눈을 뜨는 맹인잔치장면을 보여주자면
그것들을 꿈으로 처리하는 수밖에 다른 방도가 없을것이라고
주장하였다.
　　모임참가자들의 의견을 주의깊게 들어주신 위대한 수령님
께서는 연극 《심청전》에서 룡궁장면과 왕궁장면을 꿈으로
처리한것은 잘못되였다고, 물론 물에 빠진 심청이 죽지 않고
룡궁에 들어갔다가 다시 살아나와 왕비가 되는것이라든지 심
봉사가 갑자기 눈을 뜬것은 모두 비과학적이며 허황한 일이

라고 하시면서 그렇다고 하여 그런 장면을 덮어놓고 고치는 것은 민족문화유산을 계승하는데서 하나의 좌경적편향이라고 교시하시였다.

그러시면서 위대한 수령님께서는 ≪심청전≫은 우리 인민들속에 널리 알려진 전설이야기라고, 거기에는 당대사회 인민들의 지향과 념원이 반영되여있다고 하시면서 이런것을 고려하지 않고 작품을 개작하면 인민들이 이 연극을 보고 좋아하지 않을것이라고 교시하시였다.

위대한 수령님께서는 계속하시여 당대 사회에서 소경이 눈을 뜨거나 심청이 같은 천한 신분의 처녀가 왕비로 될수는 도저히 없다, 그러나 인민들은 그런 념원과 희망을 버리지 않았다고, 인민들은 그런 세상이 올것을 바랐으며 또 그런 세상이 꼭 와야 한다고 생각하고있었다, 인민들은 그 어떤 역경과 불행속에서도 죽지 않았으며 희망과 투쟁을 버리지 않았다고 하시면서 ≪심청전≫에는 바로 인민의 그런 희망과 의지가 반영되여있다고 교시하시였다.

그러신 후 위대한 수령님께서는 그런데 동무들이 창작한 연극에서는 인민들이 나아갈 길이 막히고 원작이 담고있는 인민성과 사상성이 외곡되였다고 하시면서 ≪심청전≫이 나올 때의 당대 사회에서는 맹인들을 몹시 천하게 여겼다고, 그래서 왕비가 된 심청이 아버지를 만나기 위하여 각 지방의 맹인들을 위한 잔치를 차리게 되며 결국은 아버지를 만나게 되고 아버지의 눈도 뜨게 하였다고 교시하시였다.

위대한 수령님께서는 계속하시여 해방후 우리 인민들은 공장과 땅의 주인으로 되고 우리 글을 배워 눈을 뜨게 되였으니 ≪심청전≫에서 심봉사가 눈을 뜬것보다 더욱 희한한 일이라고 교시하시였다.

위대한 수령님의 이 명철한 교시는 모든 참가자들에게 깊은 감명을 주었으며 민족문화유산에 대한 관점과 립장을 바로가지게 하였다.

위대한 수령님의 이렇듯 사리정연하고 명철하신 분석앞에서 연출가도 자기의 잘못을 심각히 깨닫게 되였다.

사실 연출가는 연극 ≪심청전≫을 유물론적으로 새롭게 해석해야 한다고 하며 자기만의 ≪꿈≫장면을 형상하였다.

심청이 공양미 300석에 몸을 팔아 배군들에게 끌리워 집을 떠나기까지는 지난날에 하던대로 하고 그 이후는 ≪꿈≫으로 형상하였다.

즉 심청이가 래일 아침 끌리워가게 될것을 생각하면서 홀로 남을 눈 못 보는 아버지를 위하여 옷도 마련하고 음식도 차려놓고 하다가 고단하여 쪽잠에 든다.

그 잠속에서 심청이 꿈을 꾼다.

그 꿈이 즉 룡궁장면과 그 이후의 생활들로 펼쳐진다. 닭이

울면서 심청은 꿈을 깬다.

배군들이 달려들고 심청은 눈먼 아버지를 두고 림당수로
끌려간다. 여기서 연극은 비극적으로 끝나며 막이 내린다.

정말이지 위대한 수령님의 교시를 받아안고서야 연출가는
자기의 이러한 연출적의도가 얼마나 어리석고 우리 인민들의
지향에도 맞지 않는것이였음을 뼈저리게 체험하였다.

이날 모든 참가자들은 위대한 수령님이시야말로 강철의
령장, 위대한 정치가이실뿐만아니라 문학예술에 대해서도 그
누구도 따를수 없는 빛나는 예지와 깊은 지식을 지니신 위대
한 스승이심을 심장깊이 느끼며 위대한 수령님의 품속에 안
겨 예술창조활동을 하게 된 끝없는 긍지와 행복을 가슴뿌듯
이 가지였다.

— 「연극 ≪심청전≫에 깃든 위대한 령도」, 『조선예술』, 2009년 6호.

여기서 주목할 부분은 "룡궁장면과 왕궁장면을 꿈으로
처리한것은 잘못되였다"고 지적한 부분이다. '당시 〈심청
전〉을 지도하기 위하여 국립극장에 왔던 김일성이 "배우
들의 연기는 다 좋으나 꿈으로 처리한 장면은 아주 잘 못
되였다"고 하면서 "민족고전을 이렇게 개작하여서는 안
된다"고 교시한 부분이다. 역설적으로 이를 통해 이 이전
까지 〈심청전〉에서는 이 장면을 꿈꾸는 것으로 처리하였

다는 것을 알려준다.

김일성이 〈심청전〉에 대한 새로운 해석을 내렸다. 새로운 해석의 방향은 〈심청전〉에 반영된 '당대사회 인민들의 지향과 념원'을 '고려해야' 한다는 것이다. 해석의 면죄부를 준 것이다.

민족고전작품을 현시대의 요구와 마감에 맞게 재현한다고 하여 그 작품이 창작된 사회력사적환경을 무시하고 덮어놓고 현대화하여서는 안됩니다. 해방직후에 창작가들은 연극 ≪심청전≫을 만들면서 심청이 아버지의 눈을 띄워주기 위해 공양미300섬에 팔려 림당수의 깊은 바다에 빠졌으나 죽지 않고 룡궁에 들어가 사랑하는 어머니를 만나고 다시 세상에 나오는 장면을 비과학적인 허황한 이야기라고 하면서 빼버렸으며 심청과 아버지가 상봉하는 장면에서 심봉사가 눈을 뜨는것도 미신적이라고 하여 다르게 처리하였습니다. 위대한 수령님께서는 그때 이 연극을 보시고 우리 인민들에게 널리 알려진 민족고전작품을 원작과 다르게 만들어놓는 현상을 없앨데 대하여 가르치시였습니다. 오늘 우리 인민들속에 룡궁이나 룡왕이 작품에 나온다고 하여 그대로 믿을 사람은 없을것입니다. 지난날의 문학예술작품을 재현하는 사업에서 력사주의원칙과 현대성의 원칙을 옳게 구현하여야 합니다. 우리는 앞으

로 혁명전통주제의 작품을 비롯한 혁명적인 문학예술작품을
창작하는것을 기본으로 하면서 지난날의 민족고전문학예술
작품도 재현하여 근로자들에 대한 혁명교양, 사회주의적애국
주의교양, 공산주의교양에 더 잘 이바지하도록 하여야 하겠
습니다.

— 김정일, 「민족문화유산을 옳은 관점과 립장을 가지고 바로 평가 처리

할데 대하여: 조선로동당 중앙위원회 선전선동부 일군들과 한 담화,

1970년 3월 4일」, 『김정일선집 (2)』, 조선로동당출판사, 1993, 59쪽.

김일성의 지도를 강조한 인용문이지만 연출가의 입장
에서 보면 억울한 일이다. 연출가의 창작적 자유가 허용되
지 않은 상황에서 〈심청전〉에서 용궁장면과 개안장면을
빼지 않고 연출하는 방법은 많지 않다. 북한에서 연출가는
자유로운 해석의 권한이 주어지지 않는다. 연출가로서 해
석적 자율성이 주어지지 않은 상황에서 연출은 자유로울
수 없었다. 공식적이고 대표성을 넘어설 수 없다. 작품에
대한 해석, 새로운 창작은 최고지도자에게 주어진 절대적
권위의 문제이다. 절대적 권위 없이는 새로운 상황 연출이
불가능한 상황에서 김일성이 해석의 방향을 제시한 것이
다. 북한문학의 한계이자 특성을 보여준다.

고전문학의 해석과 현대문학

고전문학에 대한 평가와 개작 작업은 고전문학으로 한정되지 않는다. 민족문학의 특성으로 현대문학에서도 적용된다. 북한문학의 특성을 이루는 순차적인 구성, 애국심, 향토심의 반영, 주인공의 분명한 성격, 삼각연애의 금지, 동지애적 사랑, 인민에 의한 역사 전개 등은 모두 고전문학에서 긍정적으로 평가했던 부분이다. 현대문학에서도 이러한 특성이 고스란히 반영되어 있다. 북한문학에서 추리소설이나 심리소설, 연애소설을 찾아볼 수 없는 것은 이러한 문학이 우리 민족의 정서와 맞지 않기 때문으로 보기 때문이다.

고전문학 속에 들어 있는 훌륭한 민족적 특성을 살리는 것은 곧 민족문화의 현대적 전승과 관련된다. 북한문학의 주제나 정서 등의 정당성과 우수성은 민족문학의 범주 안에서 평가된다. 문제는 민족적 특성이 무엇이냐 하는 점이다. 민족문학의 정서에 대한 해석은 당으로부터 내려온다. 해석의 최종적인 권한은 최고지도자에게 있다. 아무리 훌륭한 세계문학이라고 해도 민족적 정서와 맞지 않다고 판단하면 읽힐 수 없다. 민족문화의 전통은 해외문화교류, 해외문학의 수용을 거부하는 명분이자, 외부의 문화를 차단하는 논리적 방패막이가 된다.

북한에서 출판한 <봉이 김선달>

북한에서 출판한 <홍길동>, <리순신>

홍석중의 <황진이>

'김정은 시대'의 북한문학

척척척척척 발걸음 우리 김대장 발걸음
2월의 정기 뿌리며 앞으로 척척척
발걸음 발걸음 힘차게 한번 구르면
온 나라 강산이 반기어 척척척

— 김정은 찬양가요로 알려진 <발걸음> 1절.

다시 시작된 '새로운 시대'

2011년 12월 17일 김정일 국방위원장이 사망하였다. 그리고 북한의 권력은 그의 아들 김정은 제1위원장에게 넘어갔다. 2012년 북한문학은 새로운 임무가 주어졌다. 김정은 시대에 맞는 문학작품을 창작해야 한다는 과제였다.

북한문학은 시대와 직접적으로 연관된다. 시대에 따라 요구하는 주제도 달라지고, 문학도 달라진다. '민주적 건설시기'에는 사회주의 이론이 강조되었고, '유일체세 시대'에는 '주체사상'이 강조되면서 혁명문학이 유일한 문학이었다. 김정일의 '선군시대'에는 '선군문학'에 대한 논의가 무성했다. 변화하는 시대에 맞추어 새로운 문학을 창작해야 하는 북한문학의 태생적 한계였다.

'새로운 시대'에 맞는 '새로운 문학'은 시대를 막론하고, 작가에게 요구되는 영원한 숙제였다. 시대를 앞서 나가기도 어려웠지만 시대에 뒤처질 수도 없다. 시대를 잘 못 앞서가면 당의 정책과 맞지 않을 수 있고, 시대에 뒤처지면 비판의 그늘에서 벗어날 수 없다. 언제나 긴장해야 한다. 정치학습을 게을리 해서도 안 된다. 항상적인 혁명, 새로운 상황에 맞는 문학을 창작해야 한다. 그렇게 혁명을 주도해야 한다.

문학예술에서도 혁명은 시대를 불문하고 요구되는 주문사항이다. 북한에서 혁명은 거창한 정치개혁이나 사회변화를 의미하기도 하지만 그 보다는 더 많은 부분에서는 끊임없이 생활과 사회적 조건을 변화시켜 나가는 변화를 의미하는 경우가 훨씬 더 많다.

　1990년대는 1990년대의 혁명이 있고, 2000년대에는 2000년대의 혁명이 있다. 사회에서는 사회의 혁명이 있고, 직장에서는 직장의 혁명이 있고, 가정에서는 가정혁명이 있다.

　문제는 무엇이 새로운 것이며, 무엇이 혁명적인 것인가 하는 점이다. '새로운 세기', '새로운 시대'는 언제나 '낡은 세기' 혹은 '지난 세기'를 전제로 한다. 낡은 세기가 있어야 새로운 세기도 있기 때문이다. 낡은 시대에서 새로운 시대로 가는 곧 이것이 혁명이기에, 혁명의 과정은 언제나 '낡은 요소'와 '도식적인 틀을 부수'는 과정이다. 이 혁명 과정을 문학이 선도해야 한다. 문학은 모든 낡은 요소를 버리고 새로운 시대의 요구에 맞는 새롭고 참신한 문학이 되어야 한다. 북한이 문학에게 요구하는 영원불변의 주문사항이다.

　2000년 이후의 북한문학에서 강조하는 것도 '새로운 세기'에 맞는 문학이다. 2000년 이후를 선군시대로 규명한 작가동맹에서 강조한 것은 선군시대에 맞는 혁명문학이었다. '선군혁명문학'을 새로운 시대의 문학으로 규정하였다. 북한의 작가동맹에서 주문한 선군혁명문학의 과제는 "문학작품 창작에서 온갖 낡고 진부한 것을 깡그리 털어버리고 새 세기의 맛이 나게 형상을 창조하는 것"(『조선문학』, 2002년 2호)이었다.

김정은 시대의 문학

2012년 김정은 체제의 출범은 북한문학 창작의 중대한 지형변화를 의미하였다. 김정일 시대의 선군문학을 연장하기도 어렵고, 새로운 이념을 문학에 반영하기도 어렵다. 아직은 어디로 갈지, 무엇을 종자로 할지도 확정되지 않았다. 김정은 체제의 출범은 작가들이 맞이한 새로운 시대, 새로운 환경이 주어진 것이다.

2012년 북한문학예술은 김정은 시대의 새로운 혁명문학을 요구한다. 북한문학은 김정은 시대, 김정일 애국주의를 새로운 주제로 규정하고 작가들에게 창작을 주문하였다. "김정일애국주의로 심장을 불태우며 부강 조국건설에서 기적과 혁신을 일으켜나가고있는 현실속의 인간들을" (『조선문학』, 2002년 12호) 진실하고 생동하게 형상할 것을 주문하였다.

북한은 김일성 사망 직후인 2011년부터 김정은 김일성의 젊은 시절의 모습과 흡사한 이미지를 만들었다. 김정은을 위한 찬양가요 보급, '대장복'구호판의 설치 등의 방법으로 방송언론을 통한 김정은의 이미지를 만들어 나갔다. 후계구도와 관련하여 문학예술을 활용하는 것은 1970년대나 2012년이나 한결같다. 북한에서 문학에게 주어진 역할이 변함없기 때문이다. 북한체제와 문학의 위상이 변하지 않았기에, 북한문학 역시 대를 이어 체제에 복무해야 하는 역할도 변함없음을 드러낸다.

김정은 찬양문학

당의 요구에 맞추어 김정은과 관련한 다양한 창작이 이루어졌다. 먼저 시작한 쪽은 대중성이 강한 음악이었다. 김정은 찬양 가요로 알려진 〈발걸음〉, 〈조선청년행진곡〉 등의 보급도 활발하다. 『로동신문』에서는 '발걸음 노래'를 인민군 군인들이 제일 먼저 불렀다고 하면서, "가사와 선률도 좋았지만", "화폭처럼 그려보여주는 위인상이 마음에 꼭 들어 인민들은 너도나도 따라불렀다"는 미담을 소개하였다.

2012년 이후 북한문학은 김정은 관련 찬양시를 앞 다투어 내 놓았고 있다. 몇 작품만 예로 들어 보자

고광철은 〈그이가 우리의 원수 이시다〉(『조선문학』, 2012년 10호)에서 김정은을 지도자로 모시는 것에 대해서 "오, 김정은 동지! / 그이가 우리 공화국의 원수이시다 / 천만군민의 심장과 심장들이 / 높이 더 높이 받들어 모신분 / 환희와 격정으로 설레이는 이 강산에 / 태양으로 솟아오르신 우리의 김정은동지…"라고 노래하였다.

홍민식은 〈령장의 선언〉(『조선문학』, 2012년 10호)에서 김정은의 연설에 대해 "온 세계가 초점을 맞추고 / 온 인류가 파장을 맞추던 / 김일성광장 열병식장에 울려퍼진 / 경애하는 김정은동지의 력사적인 축하연설…"이라고 노래하였다.

박근원은 〈조선의 붉은 당기: 노래 ≪높이 날려라 우리의 당기≫를 들으며〉(『조선문학』, 2012년 10호)를 통해 "조선의 붉은 당기는 / 우리의 위대한 수령 김일성동지 / 우리의 위대한 김정일동지 / 우리의 경애하는 김정은동지의 / 애국애민의 심장의 불길…"이라고 노래하였다.

2013년에도 김정은에 대한 찬양과 축복으로 일관하고 있다. 이들 시에서 그려진 김정은의 이미지는 "한없이 친근하고 자애로우신 / 우리의 최고령도자 김정은동지…"

(조광철, 〈조선의 1월〉, 『조선문학』, 2013년 1호)로 그려졌다. 최고지도자에게 주어졌던 '친근'과 '자애'가 새로운 지도자의 이미지로 주어진 것이다.

이어서 새로운 지도자를 맞이한 심정에 대해 "희망차다 / 은혜로운 해빛만을 인민에게 안겨주시는 / 경애하는 김정은원수님…"(리영철, 〈우리의 희망찬 새해〉, 『조선문학』, 2013년 1호), "만나면 그이곁을 떠나고싶지 않고 / 헤여지면 뵙고싶어 간절히 그려보네 / 자애로운 품에 안고 행복만을 더해주시는 / 아 천출명장 김정은동지…"(리계주, 가사 〈김정은동지 우러러 인민은 따르네〉, 『조선문학』, 2013년 3호)로 노래하기 시작하였다. 김정은 시대를 '희망', '행복'의 시대로 노래하였다.

김정은에 대한 무한한 칭송과 찬양으로 일관하고 있다. 2011년에 사망한 김정일 국방위원장에 대한 추모보다는 새로운 지도자를 통해 새로운 시대가 열릴 것이라는 것을 집중적으로 보여준다. 이러한 이미지 작업에 문학이 가장 앞서 있다. 언제나 그랬듯이 '새로운 시대'는 항상 '새로운 문학'을 요구하였다. 『조선문학』 2013년 1호는 새해의 출발과 각오를 '김정은 동지'의 발걸음과 충성을 노래하였다. 북한문학의 변함없는 관제성을 보여준 것이다. 김정은 시대를 상징하는 두 시를 보자.

(…전략…)

그렇게 가리라 2013년
숨결도 보폭도 하나와 같이
경애하는 김정은동지 발걸음 맞추어
100년 200년을 앞당겨올
기저의 첫걸음을 내짚는 1월이여

한없이 친근하고 자애로우신
우리의 최고 령도자 김정은 동지이시여
또다시 우리에게 출발 명령을 내리신
신녀사과업관철을 위한 그 길에서
기적과 위훈을 떨치며
최후 승리를 향하여 폭풍쳐가리니

(…중략…)

오, 2013년의 위대한 승리를 내다보며
경애하는 김정은 동지의 안녕을 삼가 축원하며
경애하는 그이의 발걸음따라
선군조선의 1월은 폭풍친다
최후승리의 그 언덕을 향하여!

— 조광철, 「조선의 1월」, 『조선문학』, 2013년 1호

무엇이 두렵단 말인가

≪제제≫란 천만에!

눈썹 하나 까딱하지 않는다

우리는 또 한차례의 지하핵시험을 하였다

배심은 든든하다

(…중략…)

때는 왔다 참고참아온

세기와 세기의 피맺힌 분노를 터칠

미제와 전면대결전의 그 순간

네놈들은 맛보게 되리라

우리의 강력한 핵무기의 불맛을

— 조광철, 「당중앙은 위성발사를 승인한다」, 『조선문학』, 2013년 4호

남북관계 풍자 아동시

김정은 체제 출범을 전후하여 남북관계가 악화되었다. 김정일 국방위원장 시기에 이루어졌던 남북공동선언의 의미가 무색해졌다. '최고 존엄'을 강조하는 북한으로서는 민감하게 반응하게 반응하였다. 김정일 국방위원장 사망 이후에는 조문 방북 불허에 대해 노골적으로 적의를 드러냈다. 아동문학에서도 예외가 아니었다.

6.15 10.4선언
열어놓은 길
오고가면 될 길을
누가 막았나

북남동무 똑똑히
우리 보았지
조문단 북행길
막아나선 놈

민족앞에 죄를 지은
리명박역적

덤벼만 들어봐라
끝장낼테다

역적무리 쓸어버린
금수강산에
너도나도 우리모두
굳게 손잡고

오늘도 래일도
함께 갈테야
6.15 10.4선언
한길 갈테야
― 김히선, 「한길 갈테야」 전문(김히선, 「한길 갈테야」, 『아동문학』,
    2012년 3호, 41쪽).

　이명박 대통령을 '민족 앞에 죄를 지은 역적'으로 규정하
고 6·15공동선언과 10·4선언을 지키겠다고 결심한다. 『아
동문학』 2012년 5호에는 보다 노골적이고 공격적인 구호
가 등장하면서 적대감을 드러낸다. "리명박쥐새끼무리들
을 이 땅, 이 하늘아래에서 흔적도 없이 죽탕쳐버리자!"는
구호 아래, 이명박 대통령에 대한 욕설을 퍼붓는 동시 3편

이 수록되었다.

> 동족을 등지고 하는 일이면
> 손발벗고 이를 갈며 앞장서는 놈
>
> 언제봐도 미친짓만 골라하는 개
> 무덤길도 앞장에서 가고있구나
>
> 외세를 등에 업고 하는 일이면
> 손발벗고 껑충 뛰며 앞장서는 놈
>
> 언제봐도 민족의 탈을 쓴 원쑤
> 무덤길도 앞장에서 가고있구나
> ─ 김히선, 「앞장에서 가고있구나」, 『아동문학』, 2012년 5호, 32쪽.

> 개소리는 개들끼리 안다고 하니
> 남녘땅 골목마다 개짖는 소리
> 청와대 개명박 어서 들어봐
>
> 똑똑한 갠 제 우리 잘도 지킨대
> 네놈은 제 우리도 모르는 개래
> 제집마당 싸움터로 내맡기는 놈

이기지 못할 싸움 개도 안한대
제 죽을줄 모르고 날뛰는 바보
어리석은 개만도 못한 놈이래

개들은 왕왕 짖어 도적 쫓지만
굽신굽신 양키 왜놈 다 끌어들인
비루먹은 개만도 정말 못한 놈

개들은 주인들을 졸졸 따른대
명박인 제집식구 마구 깨무는
미친개보다도 못한 놈이래

명박이 왈왈왈 짖어대며는
나날이 분렬장벽 높아만지니
그 소리도 개소리만 아예 못하대

개만도 못한 놈이 ≪대통령≫되고
개만도 못한 놈들 장관된 세상
어서 말끔 쓸어내자 성이 나서 왕왕
— 배향금, 「개만도 못한 놈 명박이래」, 『아동문학』, 2012년 5호, 32쪽.

미친개도 놀라 뛸

대역죄를 저지른
불망나니 깡통박
리명박새끼야

반통일 역적죄도
하늘에 닿았으니
특대형대역죄를
죽어도 못 씻어

세상의 눈비를
다 퍼부어도 못 씻어
세상의 바닷물
다 부어도 못 씻어

온 나라가 치를 떤다
만고역적 쓰레기야
삼천리가 분노에 찼다
찢어죽여도 시원치 않을 놈

천년만년 흘러도
못 씻을 대역죄
하늘땅이 변한대도

그 죄만은 못 씻어

　　　─리성국, 「못 씻어」, 『아동문학』, 2012년 5호, 32쪽.

이명박 대통령에 대한 호칭이 '역적'에서 '개'로, '개'에서 다시 '쥐'로 바꾸어 강한 적개심을 드러내고 있다. 남북관계의 경색국면이 그대로 아동들에게 전달되었다.

매 아이들의 발치에는 돌멩이들이 무드기 쌓여있었습니다.

한손을 높이 쳐든 두성이가 쩌렁쩌렁 명령을 내렸습니다.

≪리명박쥐새끼무리를 족쳐버리자!≫

아이들도 있는 힘껏 리명박쥐새끼를 죽여버리자고 웨치며 돌벼락으로 무서운 복수의 명중탄을 안기고 또 안기였습니다.

쥐새끼무리들은 그야말로 순식간에 산산쪼각이 나 흔적도 없이 사라져버리고말았습니다.

　　　─황은철, 「두성이가 받은 생일기념품」, 『아동문학』, 2012년 7호, 52쪽.

적대적 분노가 하늘을 찌른다. '아동문학'이라는 대상이 섬뜩할 정도이다. 전쟁 직후에 창작된 백인준의 풍자시가 연상된다. 2012년은 김정일 국방위원장의 사망 이듬해이다. 김정일 국방위원장의 사망으로 인한 허탈한 감정의 화살을 이명박 대통령에 대한 적대적 감정으로 풀어낸다.

이러한 공격적인 언술은 김정일 국방위원장의 사망을 타인에게 전가함으로써 스스로를 방어하는 '전치(displacement)'와 '투사(projection)'라고 할 수 있다. '전치'란 두려움, 상처, 절망, 분노 등을 원인이 되었던 사람보다는 덜 위협적인 인물 또는 대상에 대해 '풀어 버리'는 것이고, '투사'는 두려움, 문젯거리, 죄의식 등이 있다는 사실을 부인하고자, 다른 사람에게 원인을 돌리고 비난하는 것이다. 김정일의 사망을 타인에게 전가하여 스스로 죄의식에서 벗어나려는 집단적 방어기제가 작동한 것이다.

북한문학 연구의 경과와 과제

남북관계가 소원해지면서 북한 연구를 그만두었다는 의미의 '탈북했다'는 표현을 어렵지 않게 듣곤 합니다. 남북관계가 멀어졌으니 연구에 대한 필요성과 가치가 적어졌기 때문일 것입니다. 아니면 남북관계가 크게 변하지 않은 상황에서 새로운 연구 성과를 낸다는 것이 쉽지 않은 것도 한 원인인 것 같습니다.

—『북한문학의 지형도 2: 선군시대의 문학』, 청동거울, 2009, 4쪽.

북한문학 연구 경과

북한문학 연구가 본격적으로 시작된 것은 1980년대이다. 물론 그 이전에도 북한문학이나 예술에 대한 언급이 없었던 것은 아니었지만 북한문학 자체에 대한 연구라고 하기는 어려웠다. 대부분의 경우 연구가 북한의 실정을 알린다는 의미에서 시작한 것으로써 '문학의 변질', '문학부재', '예술인들의 비극' 등으로 문학의 종말이나 문학성의 해체, 작가주의 상실이라는 '문학 아닌 문학'으로 북한문학의 '실상'을 고발하는 수준이었다.

동서의 치열한 냉전적 사고로부터 조금씩 벗어나면서 북한문학 연구도 비로소 본격적으로 시작될 수 있었다. 북한문학 연구의 출발도 연구자들의 자발적 관심에 의한 것이 아니었다. 남북관계가 변화하고 대화의 필요성이 제기되면서 북한에 대한 종합적인 정보가 필요하였고, 북한문학도 정책연구의 대상이 되었다. 북한문학 장르에 대한 본격적인 소개서로는 1981년 국토통일원에서 간행한 『북한의 문화예술』이 있다. 『북한의 문화예술』은 홍기삼, 신상웅, 김윤식, 선우휘 등이 참여하여 북한의 시, 소설, 희곡, 평론, 아동문학 등 북한문학 각 장르에 대한 연구결과를 발표한 것이었다.

이후 1988년으로 월북 작가에 대한 해금조치가 내려지면서 북한문학 연구는 문학 연구의 주요 테마의 하나로 자리 잡았다. 1990년대의 남북화해 협력 분위기 속에서 북한문학 연구의 활성화에 대한 공감이 이루어졌다. 공감과 함께 객관적 연구가 진행됨으로써 이전의 단순한 소개 차원을 넘어 본격적인 북한 연구의 기틀이 마련되었다. 하지만 개괄적인 소개와 남북의 통합문학사 연구의 필요성이 제기된 이후에는 이를 뒷받침하는 구체적이고 지속적인 성과로 이어지지 못하였다.

북한에 대한 과도한 혹은 결핍된 관심

사회의 관심에 따라서 주기적으로 연구도 영향을 받았다. 즉 북한문학 연구는 북한문학 자체에 대한 관심과 지속적인 연구 성과를 체계적으로 축적해 나가지 못하고 북한에 대한 사회적 관심에 따라서 주기적으로 관심이 모아졌던 단골 주제의 하나였다. 북한문학 연구의 출발이 당국의 필요에 의해 진행되었고, 북방정책을 비롯하여 사회의 분위기에 따라서 연구가 활성화 되었다가 사회분위기가 냉각되면서 다시 시들해지는 현상은 문제점으로 지적받았다.

북한문학에 대한 연구가 "1980년대 후반의 재야 주도의 '북한 바로알기 운동'의 여파로 한때 인기가 있었으나, 그 이후 북한 핵 위기로 인한 긴장상태에 묻혀 금세 시들해지"[51]고 마는 상황이 계속되었다.

"역사적인 남북회담의 성공과 6·15 남북공동선언의 결과로 북한 문화예술 논의가 갑자기 활기를 띠게 된 2000년의 경우에도 예외는 아니다. 1995년 이후 한동안 논의가 소강상태에 빠졌던 북한문학 연구열기가 자체의 논쟁적 문제 제기나 내재적인 이론의 진전 없이 아연 활기를 띠다가 불과 2~3년 만에 소강상태로 접어든 작금의 실상이 그 증거라 하겠다"[52]는 평가를 부정하는 연구자는 없을 것이다.

2000년 이후 변화된 남북관계에 따라서 북한문학에 대한 관심도 매우 뜨거웠던 주제의 하나였음에도 불구하고 북한문학 연구는 지속적으로 이어지지 못하였고, 학계의 한편으로 밀려나 있다. 한편으로는 북한문학 연구의 필요성에 대한 회의적인 시각도 없지 않으며, 북한문학을 외국

---

51) 박태상, 「북한문학 연구」, 북한연구학회 엮음, 『분단반세기 북한연구사』, 한울아카데미, 1999, 410쪽.
52) 김성수, 「북한문학·통일문학 연구의 현황과 과제」, 『북한의 문학과 문예이론』, 동국대학교출판부, 2003, 324~347쪽 참조.

문학의 영역에서 다루어야 한다는 의견도 제기되고 있다.

북한문학의 좌표 설정을 위한 도정

북한문학 연구의 최종 목적지는 북한문학의 성과를 객관화하여 남북한 통합문학사를 서술하는 데 있다. 일찍부터 남북한 통합 문학사에 대한 공감대에도 불구하고 북한문학 연구는 남한 문학사의 부분을 보충하거나 공백을 메우는 것으로 인식되었다. 즉, 남북문학의 우열과 열등을 가늠하는 접근 내지 남한문학의 부분을 메우기 위한 접근이 있었다.

북한문학 연구가 이러한 방향으로 진행된 것은 여러 이유가 있다. 하지만 무엇보다도 북한의 문학관과 예술관에 대해 인정하지 않으려는 태도가 가장 컸다. 동시에 자료의 제한적 접근이라는 한계로 인해 북한문학에 대한 전면적인 검토를 바탕으로 한 접근이 이루어지지 못한 점도 원인의 하나였다.

북한문학 연구는 통일문학사 서술이나 북한문학 연구의 내적 필요성에도 불구하고 문학적인 측면보다는 정치사회적인 영향을 크게 받았다. 이에 따라서 북한문학 연구

역시 정치사회적 상황, 사회적 관심에 따라서 부침을 반복하여 왔다. '북한문학'이라는 연구 범위 역시 현대문학 연구의 한 분야이거나 현대 문학의 확장된 영역으로 한 번쯤 거쳐 가야할 과정으로 인식한다.

북한문학 연구가 대중적 관심에 따라 확대되었다가 축소되는 것도 북한문학 연구가 해야 할 필요성에 대해서는 공감하면서도 하기는 귀찮은 분야로 '하면 좋은' 그러나 내가 '하지 않아도 되는' 차원에 머물고 있다. 여러 상황 속에서도 북한문학 연구는 그 동안 상당한 성과를 축적하면서 문학사의 빈 공간을 채워가고 있다. 2000년 이후 북한문학 연구는 북한 사회 변화와 북한문학 연구 사이의 시간 차이를 상당히 극복해 나가고 있다.

북한문학의 컨텍스트 읽기

북한문학 연구는 북한문학의 특성상 연구자들로 하여금 번거로운 정치적 상황과 맥락을 끊임없이 읽어내야 하는 부가적인 노력을 요구한다. 이 부분은 북한문학 연구에 있어서 적당한 타협으로는 해결할 수 없는 본질적인 문제이다.

북한문학 연구가 질적인 발전을 이루지 못하는 것은 기

본적으로 북한문학 연구의 연구 인프라의 열악함과도 관계가 있으며, 북한문학은 국가의 공식적인 입장만이 존재하기에 문학 연구를 둘러싼 다양한 쟁점 연구가 이루어지기 어렵다는 점에서도 원인을 찾을 수도 있다. 그러나 무엇보다 중요한 문제는 북한문학 연구가 연구자들의 전향적 태도를 필요로 한다는 점이다.

북한문학은 그 자체로서 사회주의 체제하에서 발생하였다. 이는 기본적인 출발점에 있어 문학의 생성토대가 남과는 차이가 난다는 것을 의미한다. 이러한 차이는 북한문학 연구가 사회주의적 사실주의에 대한 충분한 이해가 선행되어야 한다는 것을 의미하는 동시에 북한문학에 대한 관점이 달라야 한다는 것을 의미한다. 이러한 전제가 없는 북한문학 연구는 제한된 범위 안에서 북한문학을 일정한 규격 안에서 해석할 수밖에 없으며, 1970년대 이전까지의 북한문학에 대한 소모적이면서도 자기복제적인 연구에 머물게 될 것이다.

북한의 문학관과 예술관이 기본적으로 정치와 밀접한 연관을 맺고 있기에 정치사회적 의미 분석 없이는 정당한 의미를 찾을 수 없다. 북한 사회가 변화되고 문학이 변화되는 것은 당연한 일이므로, 특정시기의 한두 작품으로 북한문학을 일방적인 경향으로 규정하려고 해서는 안 된다.

비정치적인 문학 작품을 예로 북한 사회의 변화를 논의하는 것도 지향해야 할 바이다. 북한 사회의 내면적 구조를 바탕으로 작품에 접근해야 한다. 작품의 소재에 집착하게 된다면 본질을 보지 못할 것이다. 북한문학 연구의 이러한 한계를 극복하기 위해서는 북한문학 연구자들과 북한 연구자들의 소통 경로가 마련되어야 할 것이다.

북한문학 연구는 북한 연구라는 학제 간 연구의 장에서 상호 작용의 과정 속에서 발전할 수 있을 것이다. 최근 북한문학 연구가 문학전공자들의 정치적 분석 작업과 북한전공자들의 문학적 탐구 작업을 통해 구체적이고 분석적인 접근이 이루어지고 있다는 점은 긍정적인 방향이라고 평가할 수 있다. 또한 북한문학 연구가 궁극적으로 지향하는 통합문학사 서술의 과정은 남북한문학이 함께 해결해야할 문제라는 전향적 자세로 접근할 때보다 큰 차원의 논의가 이루어질 수 있을 것이다.

다시 돌아온 질문, '북한문학이란 무엇인가'

북한문학 연구는 '문학이란 무엇이어야 하는가'의 입장에서 '북한문학은 어떤 것인가'에 대한 소개로부터 시작하여

'북한문학은 무엇이어야 하는가'에 대한 고민으로 이어져
왔다. 그동안 진행된 북한문학 연구 또는 북한문학사에 대
한 접근은 두 측면에서 이루어 졌다. 하나는 북한문학 그
자체의 맥락에서 작품을 평가하고 논리를 추적하는 일이
다. 다른 하나는 남한 문학과의 상관성 민족적 문화통합의
장래를 설정하는 것이다.

북한문학 연구의 두 입장은 사실 별개의 문제가 아니라
상호 보완적으로 이루어져야 할 문제이다. 북한문학 연구
의 최종적 목적지는 개별적인 작품의 가치와 자리매김을
통해 남북한의 통합문학사를 만들어 가는 과정이기 때문
이다. 이러한 바탕 위에 북한문학 연구는 다음과 같은 사
항을 고민해 나가야 한다.

남북문학의 원리, 문학사구성의 원리에 대한 검토

먼저 북한문학 연구를 통해 남북문학의 의미 차이와 평가
를 위한 남북문학사의 원리를 논의해 나가야 한다. 남북한
의 통합문학사는 단순한 남북 문학사의 병렬적인 나열이
아니다. 남북 문학사를 관통하는 논리로 일관되어야 한다
는 점에서 연구자들이 의견을 같이하면서 통합문학사의

논리를 제기하였다.

남북한 통합문학사의 이념은 크게 리얼리즘, 민족주의, 통일문학의 논리 등으로 구분된다. 그러나 연구자들이 제기한 '민족의 논리'나 '통일의 논리'는 구체적인 세부 방안이나 시나리오가 없었으며, 일관된 방향으로 꾸준하고 지속적으로 제시되지도 못하였다. 통일문학사 연구의 필요성을 바탕으로 구체적인 논의가 이루어져야 한다. 이는 어느 하나의 논리로 통합하자는 것이 아니다. 각각의 논리에 대한 논거와 적합성에 대한 치열한 내부 토론과 논쟁이 있어야 한다는 것을 의미한다.

북한문학의 특수성과 보편성

북한문학의 '북한적 특수성'과 '문학적 일반성'의 관계를 정밀하게 읽어나가야 한다. 문학에 대한 남북의 기본 입장은 남북 각각의 치열한 논쟁을 거쳐 이루어졌다. 남측은 남측대로 순수문학 논쟁을 비롯한 치열한 논쟁과정을 거쳤고, 북측은 북측대로 도식주의와 수정주의 논쟁, 리얼리즘 발생 논쟁, 전형창조론과 관련된 나름대로의 논쟁을 거쳐 하나의 관점으로 정립되었다.

어떤 사회이든 그 사회의 허용 가능한 범위 안에서 문학이 존재한다. 북한문학을 이해하기 위해서는 북한 사회의 허용 가능한 범위에 대한 이해가 있어야 한다. 따라서 북한체제와 문학과의 관계에 대한 이해는 북한 사회를 이해하기 위한 것이 아니라 북한문학을 정확하게 읽어내기 위한 필연적인 과정인 것이다.

북한문학 연구 본질에 대한 논의부터

북한문학 연구는 문학과 연관된 세부 장르나 관련용어에 대한 객관적 검토가 있어야 한다. 혁명문학, 선군문학 등의 북한문학에만 적용되는 개념에 대한 검토뿐만 아니라 전통, 역사, 고전, 민족 등의 문학관련 개념에 대한 논의가 있어야 한다. 문학전통, 역사소설, 민족적 특성 등의 개념이 어떤 맥락에서 논의되고 있으며, 어떻게 변화되어 왔는지에 대한 정밀한 검토가 있어야 한다. 이러한 논의가 객관성을 갖기 위해서는 전문가들의 치열한 논의와 검토를 통해 규정되어야 한다.

이를 통해 북한의 문학 장르, 북한문학사의 시대 구분, 북한문학의 대표성에 문제에 대한 학술적 논의가 필요하다. 북한은 '종류', '형태', '갈래'의 기준으로 문학을 구분한다. 북한문학의 구분방식에 대한 검토나 북한문학에서 인정하는 송가, '운문소설', '동물소설' 등의 문학적 형태의 인정 여부도 논의의 대상으로 삼아야 한다. 나아가 북한문학의 '수령영생문학'이나 '단군문학', '선군혁명문학' 등의 용어에 대한 개념과 범주에 대한 공론화된 논의가 있어야 하다.

북한문학 연구의 과제

무엇보다 북한문학 연구는 공동의 노력으로 이루어져야 한다. 북한문학 연구는 연구자의 공론의 장이 형성되고, 이를 통하여 북한문학 연구에 대한 기본적인 토대가 만들어지고 결과물을 학계의 일반성과로 공유할 수 있어야 시너지 효과를 낼 수 있다.

또한 철저한 실증적 자료의 조사와 분석이 선행되어야 한다. 어떤 방향으로 북한문학 연구가 이루어지든 전제되어야 기본이다. 특정시기의 한두 작품으로 북한문학의 일방적인 경향으로 규정하여서는 안 된다. 북한문학의 변화나 의미는 작품에 대한 정밀한 읽기가 동반되어야 한다.

학문적 좌표를 찾기 위해서는 사회적 맥락을 분석해야 한다. 북한 사회나 북한정치 연구와 함께 학제 간 연구가 병행되어야 한다. 북한문학 연구는 북한문학의 특성상 북한의 정치사회적 변화를 끊임없이 읽어내는 과정이 동반된다. 문학외적 영역인 정치적 상황과 맥락을 끊임없이 읽어내야 하는 부가적인 노력을 필요로 한다.

북한문학 연구에 있어서 적당한 타협으로는 해결할 수 없는 본질적이고 태생적인 문제이다. 북한의 문학관과 예술관이 기본적으로 정치와 밀접한 연관을 맺고 있기에 정치사회적 의미 분석 없이는 정당한 의미를 찾을 수 없기 때문이다. 북한문학을 올바로 해석하기 위해서는 북한 사회의 내면적 구조를 바탕으로 작품에 접근해야 한다. 작품의 소재에 집착하다보면 본질을 읽지 못한다. 북한문학은 문학의 정밀한 읽기를 위해 정치의 장으로 나가야 하고, 북한 정치는 북한 사회의 내면을 읽기 위해 문학의 장으로 나와야 한다.